Child Poverty and Team Approach

子どもの貧困と
チーム
アプローチ

"見えない" "見えにくい"
を乗り越えるために

松田恵示 監修　入江優子・加瀬 進 編著
MATSUDA Keiji　　IRIE Yuko & KASE Susumu

書肆クラルテ

はじめに

　「貧困」という課題が、特定の子どもたちや家庭に突きつけられてしまう社会が進んでいます。単に「お金がない」という問題ではなく、極言すれば、誰もが求めることを妨げられることのないはずの「自由」というものが、特定の人のみに阻害されてしまう、ということが起こっているということだと思います。

　インドの哲学者であるアマルティア・セン（Amartya Sen）が、「自由」というものを、人々が行動する際の「選択肢の広さ」として考えたことがよく知られています。そして、このような「選択肢の広さ」や「選択する」という行為の実現には、知識や積み重ねられた体験などの「潜在的能力（ケイパビリティ）」を高める必要があると説いています。

　「貧困」は、このようなケイパビリティが逆に低くなる諸環境や諸条件を、当該の子どもたちや家庭に多くもたらすことが明確になってきています。教育や子どもの福祉について考えたり実践しようとするとき、現代に生きる私たちにとってこの「貧困」という問題は、大変大きな課題となって横たわっています。

　特に、子どもたちをめぐる「貧困」という問題について、私たちは何を考え、多くの仲間と連携・協働しつつ、いかに行動することが必要になるのか。本書は、5年間の大学におけるプロジェクトでの研究を礎に、そうした問題について、読者の皆さんとともに考え、ともに行動するためにまとめられたものです。

　東京学芸大学では、子どもの「貧困」という問題に対して、平成27年度から「附属学校等と協働した教員養成系大学による『経済的に困難な家庭状況にある児童・生徒』へのパッケージ型支援に関する調査研究プロジェクト」を組織し取り組んできました。これは、経済的に困難な家庭状況にある児童・生徒に対し、附属学校等と協働して「経済支援」「家庭教育支援」「学習支援」「放課後支援」等の効果的なあり方を実践的に検討するとともに、教員養成・教育支援者養成教育の取組を連動させ、支援を受けた児童・生徒が将来、成長し学生となったときまた自身が支援者となる「支援の循環」を生み出す仕組みについて検討するというものです。ここで使われている「経済的に困難な家庭状況」という言葉は、も

ちろん単に「お金がない」ということを指すものではなく、先に述べたケイパビリティが特定に低くされてしまうような状況=「貧困」を指すものです。

　もちろん取組はまだ途中段階にあり、問題の周辺をぐるぐると回っているだけで、答えを出せたということでもありません。ただ、具体的な現場と向き合い、実践の中で生まれた、読者の皆様への「問いかけ」であることは間違いありません。

　本書が、「子どもの貧困」という問題への社会的関心をさらに広げたり、これから教師や教育支援者を目指そうとしている方への一助となったり、さらには、多くの方々と手を取り合うことのできる端緒となることに役立てば、筆者一同の望外の喜びです。

　令和2年3月吉日

東京学芸大学　副学長　松田恵示

目　　次

I 基礎編

第 1 章

現代社会の諸相と
子どもの貧困

第1節　多様な背景を持つ子どもたちを支えるチームアプローチ

朝倉隆司

1. 教育問題として子どもの問題をどう認識するのか

　今、我々が直面している子どもの問題は、グローバルな世界の問題の表れであり、それらは教育問題です。

　現在、世界には地球規模から身近なところにまで広がる環境問題、貧困と経済格差の拡大とその政治的な隠ぺい、子どもや女性あるいは性的マイノリティ、難民などさまざまな弱者への人権侵害や無視・蔑視、テロによる憎悪・各地での紛争と兵器の拡大さらにそれを煽る分断政治による平和の危機、政治や経済におけるニューリベラリズムに基づく人々の生活と環境への影響を顧みない開発といったさまざまな問題が広がり、深刻化しています。これらの我々が生きている現代世界に暗い影をおとす問題は、子どもによって起こされたものではなく、多少子どもが加担することがあったにしても、全ての問題は大人、しかも多くは権力を持っている大人によって起こされたものです。そして、子どもたちの多くはこれらの世界の問題に巻き込まれて、21世紀を生きざるを得ないのです。

　文部科学省「21世紀を展望した我が国の教育の在り方について（中央教育審議会2第一次答申）」[1]では、戦後50年を次のように振り返っています。

　「…（略）…様々な分野における進展は我が国社会を著しく変貌させた。確かに人々の生活水準は向上し、生活は便利になったが、その反面、人々の生活は［ゆとり］を失い、慌ただしいものになってきたことも否めない。家庭もその有様を変貌させ、地域社会も地縁的な結びつきや連帯意識を弱めてしまった。

　このような社会全体の大きな変化の中で、子供たちの教育環境も大きく変化した。経済水準の上昇、高い学歴志向等に支えられて高等学校・大学への進学率は

急激な上昇を見、教育は著しく普及した。また、食生活や生活様式の変化などを背景に子供たちの体格は大いに向上した。しかし、子供たちの生活は大人社会と同様に慌ただしいものになった。

　このようにして、現在の子供たちの生活を見ていくと、過去の子供たちにはなかった積極面が見られる一方で、様々な教育上の課題が生じてきている。また、子供たちを取り巻く家庭や地域社会についても様々な教育上の課題を指摘することができる。」と経済的な豊かさの実現により得たものがある半面で、社会変動により子どもたちの教育上の課題がさまざま生じてきたと論じています。

　日本も決して世界の例外ではなく、ニューリベラリズムに基づく政策や自由主義市場経済を推し進め、四大公害に代表される環境問題、子どもの貧困と経済格差の拡大、虐待など子どもの人権侵害の拡大、沖縄の子どもたちのいのちを顧みない沖縄米軍基地の容認など、人々の生活と環境への影響を顧みないグローバル化した開発による問題が起きているのです。

　このような開発に伴う、社会変動、環境、人間の健康と生活への影響という現代的社会問題を自分事の問題として捉えるための教育が、Education for Sustainable Development（ESD：持続可能な開発のための教育）です。ちなみに、教育は「持続可能な開発のための 2030 アジェンダ」である Sustainable Development Goals（SDGs：持続可能な開発目標）の 17 のターゲットうちの 4 番（Quality Education）に位置付けられています。一方で、日本ユネスコ国内委員会教育小委員会[2]では、「教育については、「教育が全ての SDGs の基礎」であり、「全ての SDGs が教育に期待」している、とも言われています。特に、ESD は持続可能な社会の担い手づくりを通じて、17 全ての目標の達成に貢献するものです。」と教育は 1 つの達成すべき目標に留まらず、SDGs の目標を達成する有力な「方法」であると強調しています。

　教育こそは、次の世界がより公正で、平和で、環境や生態系と調和した生活を営むことができ、人と人が支えあい、多様な特性を持った人々が共に健康で幸福な人生を送れる社会づくりを目指す新たな価値観や行動を生み出すための学習と活動を行う領域であると同時に、そのような世界を創造する人材を育成する唯一の方法だと言ってもよいでしょう。

　したがって、教育に携わっている者、教職を志している者にとって、我々が直面している子どもの問題は、貧困の問題を含め、取り組むべき教育上の課題であ

り、避けて通ることができない問題なのです。

2.　子どもの問題の多様化・複雑化と教員の困難とは

　先に述べた子どもたちが巻き込まれている世界の問題の現状を見れば、その問題の背景も多様であることが想像できるでしょう。ここで身近な日本の子どもの現状を見てみましょう。

　日本学校保健会の「学校保健の課題とその対応—養護教諭の職務等に関する調査結果から—」(2012)[3] では、「都市化、少子高齢化、情報化、国際化等による社会環境や生活様式の急激な変化は、児童生徒の心身の健康に大きな影響を与え、いじめや不登校などの心の健康問題、性に関する問題、喫煙、飲酒、薬物乱用、生活習慣病の兆候、アレルギー疾患、感染症、災害や事件事故発生時における心のケアなどの問題を生じさせ、深刻さを増している」と報告しています。すなわち、現代社会の変動の複雑化・多様化・急速な拡大化が子どもの問題の背景にあります。

　さらに、平成 21 年度の文部科学白書(第 2 章　現下の教育課題への対応〜教育の機会の確保と質の向上〜)[4] によると、「子どもの多様化が進む中、不登校児童生徒の割合は平成 5 年度から 20 年度の間に小学校で 1.9 倍、中学校で 2.3 倍に増え、学校内での暴力行為の件数は 18 年度から 20 年度の間に小学校で 1.7 倍、中学校で 1.4 倍に増えました。また、日本語指導が必要な外国人児童生徒数は、3 年度から 20 年度の間に小学校で 4.6 倍、中学校で 5.1 倍に増え、学習障害(LD)や注意欠陥多動性障害(ADHD)自閉症などの発達障害等により通級による指導を受けている児童生徒数は、5 年度から 21 年度のうちに小学校で 4.2 倍、中学校で 11.6 倍に増える(図表 I-1-1)など、もはや一握りの子どもだけの課題ではない状況にあります。今後一層、子どもたち 1 人ひとりに応じたケアをきめ細かく行っていく必要があります」と述べられています。

　以下に示した白書が指摘する 1) から 4) の問題に加え、子どもの貧困、抑うつや自傷行為、体力低下、学力低下や規範意識の低下、さらに過労死の水準を超える労働時間で働く教員の疲弊と子どもの問題への対応に苦慮する教員の困難の問題があげられるでしょう[5]。

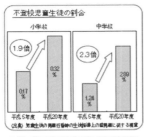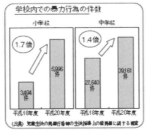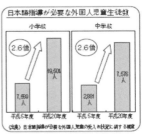

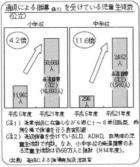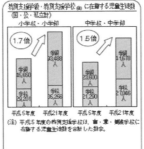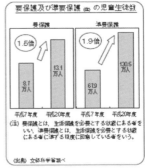

図表Ⅰ-1-1　学校現場が抱える問題

出典：https://dl.ndl.go.jp/view/download/digidepo_3481494_po_1295628_006.pdf
?contentNo=6&alternativeNo=

1）不登校児童生徒の増加
2）学校内外での暴力行為の増加
3）日本語ができない外国人児童生徒の増加
4）特別支援を必要とする児童生徒の増加
5）子どもの貧困と社会格差のひろがり
6）児童生徒の孤独と孤立（抑うつ、自傷行為のひろがり）
7）身体活動の不足と体力低下
8）学力の低下がもたらす認知能力、判断力・規範意識の低下
9）長時間労働による教員の困難と疲弊

　このように、多様な子どもの問題の背景には、現代社会の変動の複雑化・多様化・急速な拡大化があり、その問題は増大しており、「もはや一握りの子どもだ

けの課題ではない」のです。このような子どもたちの学習を進めていくには、ま
ず家庭や学校での生活基盤を形成していく必要があるため、これらの課題に学
校・教職員は対応していかざるを得ません。

　しかも、子どもの貧困の問題を中心に考えると、子どもの貧困はそもそも親・
保護者の貧困問題であり、保護者の病気・障害、失業や不安定就労などの複合的
な家族問題であり、その結果、衣食住の基本的な生活ニーズが満たされないとか、
家族内ストレスの高まり、学習環境の欠如と学習意欲の低下、健康課題の放置と
いった多様な問題が連鎖して生じてきます。つまり、容易に解決することが難し
い複合した問題を抱えた家族の問題、多重逆境を抱えた家族の問題[6]なのです。

　したがって、多様化・複雑化する問題を抱えた子どもが通う学校の教職員が体
験する困難も、また深刻化していくのです。

3.　なぜ、学校で子どもの貧困など子どもの問題に取り組む必要があるのか

　それにしても、子どもの貧困が保護者の病気・障害、失業や不安定就労、親の
低学歴や職業的スキルの未熟練、ひとり親家庭などによるとしたら、さらに貧困
のおおもとの要因が保護者のような状況を生み出している政治や市場などの社会
構造によるのだとしたら、なぜ、学校で子どもの貧困の問題に取り組む必要があ
るのでしょうか。果たして、学校で取り組むことでどのような成果が挙げられる
のでしょうか。

　企業で例えれば、経済利益の追求（ビジネス）と社会的問題解決による社会貢
献が両立するのか、という問題であり、学校教育でいえば、学力の向上の追求と
子どもの健康・福祉の向上の追求が両立するのかという問題に相当するでしょ
う。おそらく、経済的利益の追求、学力向上が主たる目標であり、社会貢献や子
どもの健康・福祉への貢献は目標としては従という位置づけになっているのでは
ないかと思われます。

　ところが、筆者のヒアリングでは、全国健康づくり学校表彰で最優秀校の表彰
を受けた小学校、ESD 教育を全国に先駆けて取り入れたユネスコスクール・
ESD 大賞を受賞した小学校では、それぞれ学校保健活動による健康づくり、
ESD 教育に全校を挙げて取り組んだ結果、全国学力調査の結果が飛躍的に伸び

ていることを実証しています。もちろん、学力に力を入れていないわけではありませんが、健康づくり、ESD 教育に取り組むことで、その成果が学力向上にも波及していったと考えられる事例です。まず、現代的社会問題の解決への学習的な取組や、子どもの健康と福祉への取組を重視することで、学力が向上する効果が生まれたというエビデンスです。

一方、内閣府・子どもの貧困対策推進室[7]が挙げている理由は、国としての社会経済面と労働力の面、マクロな社会経済面からです。たとえば、貧困の連鎖が続き、しかも人口が減少したとすると、産業経済活動を支える労働力や人材が不足し、市場が縮小し、逆に社会保障で扶養する人口が拡大する可能性があります。また、子どもの貧困対策により、現在 15 歳の子どものうち貧困の状況にある子どもの進学率及び高校中退率が改善した場合、生涯所得の合計額が 2.9 兆円増え、政府の財政が 1.1 兆円改善する、という日本財団及び三菱 UFJ リサーチ＆コンサルティングの推計を紹介しています。

しかし、そもそも国家の繁栄や保持のために人は生きているのではありません。我々は、子どもも含めて自分の人生を生きています。そして、国は、そのような 1 人ひとりの国民の健康と福祉の実現のために機能しなければならないはずです。よく知られているように日本国憲法の第三章国民の権利及び義務の中にある第 13 条では、「すべて国民は、個人として尊重される。生命、自由及び幸福追求に対する国民の権利については、公共の福祉に反しない限り、立法その他の国政の上で、最大の尊重を必要とする」と幸福追求権と幸福の在り方を自己決定できると定めています。また、第 25 条 1 項では「すべて国民は、健康で文化的な最低限度の生活を営む権利を有する」とあり、2 項では「国は、すべての生活部面について、社会福祉、社会保障及び公衆衛生の向上及び増進に努めなければならない」と規定されています。健康で幸福であることは憲法で保障された国民の権利であり、その実現に努めることは国の義務です。

当然ながら、教育基本法においても、第一条、第二条で心身ともに健康であることが目的に示されており、第三条では豊かな人生を送ることができ生涯学習社会の実現が目標に掲げられています。

さらに、1994 年に日本が批准した子どもの権利条約の基本的精神は、筆者の見解では、子どもに対するあらゆる公的、私的な働きかけは、子どもの最善の利益を考慮して行わなければならない、ということだと考えます。公的な働きかけ

に学校・教職員が含まれるのは言うまでもありません。

　ここで生態学的な健康観（図表Ⅰ-1-2）に立てば、子どもの健康や幸福は、学校、家庭、近隣地域、マクロ・グローバルな社会の影響を直接間接に受けています。したがって、子どもが健康であり、幸福であるためには、学校、家庭、近隣地域、マクロ・グローバルな社会も健康的で好ましい状態でなければなりません。もし、子どもを取り巻く環境が健康的でなければ、不幸な環境であったとしたら、「1.　教育問題として子どもの問題をどう認識するのか」で述べた世界の問題状況による負の影響が子どもの健康と幸福を阻害する結果を生むでしょう。学校がいじめを放置して児童・生徒が自殺に追いやられたり、家庭での虐待を児童相談所が放置して虐待死が生じたり、原発事故により地域の社会と人間関係が崩壊し原

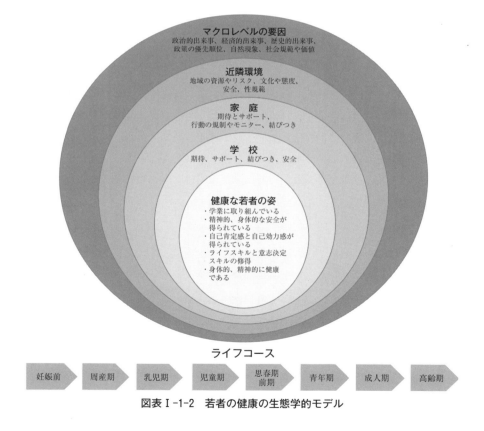

図表Ⅰ-1-2　若者の健康の生態学的モデル

発事故関連死が起きたり、マクロな環境が個の健康や幸福に影響した実例は枚挙にいとまがありません。

　要するに、子どもの貧困は、保護者の要因と社会構造によるものだとしても、子ども自身には、1 人の人間として健康と幸福を追求する権利を持った主体であり、国は日本国憲法や教育基本法においてそのことを認めており、実現に向けて努力する責務も負っています。子どもの健康と幸福には、取り巻く環境・生態系が大きく影響しており、学校もその 1 つです。しかも、子どもの権利条約からすれば、子どもに働きかける公的機関である学校は、子どもの最善の利益に配慮することが求められます。したがって、子どもの健康と幸福のために、学校も子どもの貧困など子どもの問題に取り組む必要があります。もちろん、学校だけで取り組むのではなく、子どもを取り巻くさまざまな人や機関・団体と協働して取り組むのです。

4.　なぜ、教員が他職種と協働する必要があるのか

　貧困をはじめ、今教員が直面している子どもの問題は、容易に解決することが難しい複合した問題を抱えた家族の問題を背景に生じています。このような問題は、子どもの生活全体にわたる問題であり、専門家と非専門家を含めた包括的な支援やサービスを必要としています。しかし、学校で子どもの問題に対応しようとした場合、教員以外の他の専門職種と協働して解決にあたろうとすることは、それほど簡単なことではありません。そこで、文部科学省が打ち出したのは、子どもの貧困問題における学校のプラットフォーム化であり、チームとしての学校という行政主導の施策です。しかし、これまでの長い歴史の中で培われてきた教員文化、学校文化を無視しては、これらのトップダウンの一元的な施策はうまくいくとは思えません。

　なぜならば、子どもは 1 日のかなり長い時間を学校で過ごし、1 年の多くを学校で過ごしています。したがって、小学校や中学校でクラスを担当している教員には、保護者を除けば、一番子どもと接触する時間が長く、子どものことをよく知っているとの自負があるでしょう。しかも、日本の教員は、単に授業をするだけではなくソーシャルワーカー的な機能やカウンセラー的機能をも果たす総合職として、日本的な学校文化、教員文化を牽引してきました[8]。学習指導、生徒指

導、進路指導面において教員は研鑽を重ねて、子どもの抱える課題に対処し、一定の成果を挙げてきたのです[9]。そして、子どもの生活を丸抱えする多能性を備えた日本の特徴的な教師像が出来上がり[10]、社会もそのような教師を優れた教師と認め、期待するようになっています。

　そのため、自分が担任する子どもの問題は、自分で何とか解決しなければならないと1人で責任を背負いすぎたり、対応できないと教師として指導力不足だと評価されるのではないかと不安になったりして、他職種に支援を求めるのは教師としての自尊心が傷つけられることになるのではないでしょうか。それが他職種との協働をためらわせているのではないか、と指摘されています[10]。

　しかし、子どもの貧困は、容易に解決することが難しい複合した問題を抱えた家族の問題を背景に生じており、個人の次元を超えた社会構造の問題であり、社会福祉的視点での支援を必要とする課題です。教員もそれを取り巻く社会も、子どもの貧困は、そもそも教員の自己努力で解決する課題ではないため、対応できないとしても教師として指導力不足のせいではない、と認識する必要があります。教員としてできることと専門性を超えることの限界を明確に区別して自覚することが、他職種と協働する第一歩です。つまり、教員をはじめ社会は、従来の学校観、教育観を問い直さなければならない時代に来ているのです。

　学校のプラットフォーム化もチームとしての学校も、子どもの健康と幸福のために子どもの貧困など子どもの問題に取り組むための1つの仕組みであり、アプローチの1つなのです。学校として、子どもの最善の利益に配慮して問題に取り組む必要はありますが、全てを学校が担うわけではありません。この問題は、子どもを取り巻くさまざまな人や機関・団体の全てが協働して取り組むべき問題なのです。むしろ、学校も教員も、その協働するチームのメンバーの一員として働く必要があります。

5.　どんなチームアプローチができるのか

　子どもの問題、子どもの貧困の問題に対して、どのようなチームアプローチが可能でしょうか。それは、これからの課題です。これまでのように子どもの貧困の問題は、複雑な家族や社会構造を背景にして生じているため、単独の職種が提供できる支援やサービスでカバーしきれません。そのため、たとえばクラス担当

の教員、養護教諭、管理職、学校事務職員、スクールソーシャルワーカー、スクールカウンセラー、保健師、児童委員、社会福祉事務所職員、児童相談所職員など多様な関係者からなる包括的な支援やサービスを提供する体制を作ることが必要となるでしょう。その際に誰がチームのメンバーになるのかは、その子どもが抱える問題やこれまでの経過によって異なってきます。したがって、どんなチームをどう作るのか、どんなメンバー構成でチームを作るかは、問題によりケースバイケースであり、固定観念は持たないほうが良いでしょう。たとえ場が学校であるにしても、子どもを支援するチームのメンバーは、専門性のいかんにかかわらず立場的には対等であり、必ずしも教育的視点が優先事項となるとは限りません。

　そこで、教員として持つべき姿勢は、対等の立場で尊重し、価値観、物事の見方や感じ方の違いを認め合う努力をする姿勢を表すことです。また、子どもを 1 人の人間として健康と幸福を追求する権利を持った主体として認め、その子どもの最善の利益を目標にして、さまざまなニーズと専門性を統合して協力して支援にあたろうとする姿勢を持つことです。

　ところで、先に述べた通りチームの作り方はケースバイケースですが、良いチーム作りのための法則も考案されています[11]。その法則は 5 つありますが、目標設定の法則、人員選定の法則、意思疎通の法則、意思決定の法則、そして共感創造の法則です。ここでは共感創造（engagement）の法則、つまりチームでの仕事へのモチベーションを上げて取り組むために必要な要素について紹介します。それは 4P、つまり Philosophy（理念・方針）、Profession（活動・成長）、People（人材・風土）、Privilege（待遇・特権）です。これらの何かに惹かれて、人はその活動に参加し熱中します。厳しい問題を抱えている子どもを支援するチームにも、その活動にモチベーションを上げて取り組むには、それらの要素のうちどれかに魅力を感じさせることが重要になるでしょう。たとえば、理念・方針であれば「子どもの最善の利益を実現する」とか、活動・成長であれば「自分の専門性を磨く貴重な経験ができる」とか、人材・風土であれば「自分が目標とする人と働ける」とか、待遇・特権であれば「チームのメンバーに選ばれることで周囲の評価が高まる」といったことです。

　仕事ではあっても、嫌々やるのと前向きに取り組めるのとでは、当然ながら成果が異なってくるはずです。チームアプローチは、子どもの問題の解決にとって

有効に機能しなければならないだけでなく、チームそのものが魅力的で働き甲斐のあるもので、参加するメンバーが感情的な報酬を得て成長できるチームでなければなりません。

　多様な職種や人たちによるチームアプローチを考えるうえで、教員は、学校や学習に伴う組織やチームだけではなく、もっとチームや組織の特性について社会科学的によく理解する必要があります。これまでのような均一な集団をマネジメントする能力ではなく、多様性をマネジメントする能力を身につけることが求められています。

[引用・参考文献]

1）文部科学省「21世紀を展望した我が国の教育の在り方について」（中央教育審議会　第一次答申）、「(1) 子供たちの生活と家庭や地域社会の現状」 https://www.mext.go.jp/b_menu/shingi/chuuou/toushin/960701c.htm （参照日 2019 年 5 月 2 日）

2）文部科学省「今日よりいいアースへの学び　持続可能な開発のための教育（ESD）の更なる推進に向けて―学校等で ESD を実践されている皆様へ　日本ユネスコ国内委員会教育小委員会からのメッセージ」http://www.esd-jpnatcom.mext.go.jp/about/message.html（参照日 2019 年 5 月 2 日）

3）学校保健会（2012）.「学校保健の課題とその対応―養護教諭の職務等に関する調査結果から―」https://www.gakkohoken.jp/book/ebook/ebook_H230040/data/102/src/102.pdf（参照日 2019 年 5 月 2 日）

4）平成 21 年度文部科学白書.「第 2 章　現下の教育課題への対応―教育の機会の確保と質の向上」https://dl.ndl.go.jp/view/download/digidepo_3481494_po_1295628_006.pdf?contentNo=6&alternativeNo=（参照日 2019 年 5 月 2 日）

5）朝倉隆司（2011）「多様化、複雑化する学校と子どもの健康課題を理解し、どのように向き合うのか」平成 22 年度茨城県学校保健・学校安全研究大会（平成 23 年 1 月 26 日）、資料 http://ir.u-gakugei.ac.jp/handle/2309/108965（参照日 2019 年 5 月 2 日）

6）池上和子（2015）『子どもの貧困―社会的養護の現場から考える』筑摩書房、pp. 158-178

7）内閣府「国における子供の貧困対策の取組について―子供の貧困対策　マッチング・フォーラム in 福岡」https://www8.cao.go.jp/kodomonohinkon/forum/h29/pdf/fukuoka/naikakufu.pdf（参照日 2019 年 5 月 2 日）

8）小野田正利（2006）『悲鳴をあげる学校―親の"イチャモン"から"結びあい"へ』

旬報社、p. 164

9）初等中等教育企画課初等中等教育局初等中等教育企画課、「チームとしての学校
の在り方と今後の改善方策について（答申）【骨子】」http://www.mext.go.jp/b_
menu/shingi/chukyo/chukyo0/toushin/attach/1366271.htm（参照日 2019 年 5 月 2
日）

10）山野則子（2018）『学校プラットフォーム　教育・福祉、そして地域の協働で子
どもの貧困に立ち向かう』有斐閣、pp. 122-149

11）麻野耕司（2019）『ザ・チーム　5 つの法則』幻冬舎

第2節　教育課題として子どもの貧困を捉える視点

入江優子

1. 社会の変容と子どもの貧困

　貧困は古くて新しい課題だと言われます。学校教育制度の成立・発展において、貧困状態にある児童の救済と就学奨励は義務制に伴う最重要課題であり、戦後の「浮浪児」「長欠児童」問題も含め、少なくとも 1960 年代初頭までは、日本の学校教育にとって貧困問題は大きな関心事でした。しかし、高度経済成長に伴ってその社会的関心は薄れ、政府が 1965 年を最後に低消費水準世帯の推計をやめ、2009 年に相対的貧困率を公表するまで、日本は実に 40 年余りにわたって、国として貧困率を把握するに至りませんでした。後に遡及的に算出・公表された数値によれば、バブル景気を迎える 1985 年においても子どもの貧困率は 10％を超え、特に大人が 1 人の世帯の貧困率は 50％を超えており、決して見過ごしてはいけない課題だったのです。このような課題の再認識を基に、2013 年には議員立法による「子どもの貧困対策の推進に関する法律」が制定され、翌 2014 年には、法に基づく「子供の貧困対策に関する大綱」が閣議決定されました。

　高度経済成長の陰で社会的に見過ごされてきた 40 年においても、全ての児童に関わる学校は、家庭の状況に起因するさまざまな不利や困難を抱える児童に日々手立てを講じてきたはずです。そのため、学校にとって「子どもの貧困」は決して真新しい課題ではありません。しかし、社会経済の大きな変化に伴って課題化される貧困の姿もまた変容し、現代社会における貧困は見えにくくなってきています。今日の社会状況に照らして課題を捉え直し、「子どもの貧困」を捉える視点を「更新」していかなければならないのです。

2.　今日的な貧困を捉える視点

(1)　絶対的貧困と相対的貧困

　私たちが一般的に「貧困」と聞いて直ちにイメージするのは、「絶対的貧困」ではないでしょうか。この概念は、イギリスのシーボーム・ラウントリーが 100年以上も前に行った貧困調査の定義に由来しており、人間が生命を維持するのに必要な最低生活費を、必要栄養量を基本とする食費に最低限の家賃、衣服費を加えて算出した基準で、いわば「食べることもままならない」生活水準を指します。これに対して、「相対的貧困」は、同じくイギリスのピーター・タウンゼントが提唱した、人がある社会の中で生活する際に、その社会のほとんどの人々が享受している「普通」の習慣や行為を行うことができないことを指す概念です。タウンゼントは、1950 年頃に叫ばれた（絶対的）貧困の解消に異を唱え、貧困とは固定的なものでなく社会的に相対的であるという概念を提示し、これが「貧困の再発見」と捉えられました。現在、OECD などの国際機関のほか、先進諸国の大多数の政府がこの「相対的貧困」概念を用いており、OECD は母集団の等価可処分所得の中央値の 50％を貧困ラインとして、それに満たない人の割合を相対的貧困率として算出する方法を採用しています。

(2)　所得だけでない多元的な捉え方

　「相対的貧困」概念には、所得で捉える考え方と、多元的に捉える考え方があります。阿部（2012）は、所得による相対的貧困率の限界として、生活の内実までは捉えられないこと、貧困線をどの程度下回っているかという貧困の「度合い」が捉えられないことなどを指摘しています。

　これに対して、多元的な捉え方として、所得のみならず、労働条件、健康、教育、余暇、社会関係など多元的な生活状況の剥奪として捉える「相対的剥奪」概念があります。また、フランスでは、1990 年代の雇用不安や失業の深刻化、社会保障制度の機能不全を背景に、貧困より広範な問題に取り組む概念として「社会的排除」概念が盛んに用いられ、「貧困から社会的排除へ」という社会政策の転換へとつながっています。EU による「社会的排除」概念は、「過程と結果としての状態との双方を指すダイナミックな概念」であり「貧困の概念よりも明確

に、社会的な統合とアイデンティティの構成要素となる実践と権利から個人や集団が排除されていくメカニズム、あるいは社会的な交流への参加から個人や集団が排除されていくメカニズムの有する多次元的な性格を浮き彫りにする」としています。つまり、貧困がある「状態」を表すのに対し、「社会的排除」は個々人が社会から排除されていく「プロセス」を含む概念であり、①多次元の分野を対象とし、②自発的なものではなく強制的なものであること、③生活困窮の「蓄積」の「過程」が見えること、④生活困窮者を取り巻く環境要因（地域の安全性や環境の善し悪し、国や地域全体の失業率など）に着目することが求められています。

　このように、今日的な課題としての貧困を捉える視点は、社会全体の中の相対的な問題として、経済的側面だけでなく社会関係を含む多元的側面に及び、さらに多元的な剥奪の蓄積と社会からの排除のプロセスにも着目することが重要であると言えます。

（3）　大人の貧困と子どもの貧困の違い

　これらの今日的な貧困を捉える視点を「子ども」にあてはめるとどうなるでしょうか。

　子どもの貧困は、生まれ育つ家庭が低所得であることだけでなく、低所得に起因して複合的な困難が発生し、大人に至る成長や教育のプロセスで多くの不利に置かれる状況まで含み込んだ現象（小西、2016）です。そして、①子ども本人はまったく関与しないにもかかわらず、その意味でまったく責任がないにもかかわらず、（親の）貧困に由来する各種の困難・不利を一方的、受け身的に引き受けざるを得ないこと、②現在の子どもだけでなくその後の世代にまで、貧困とそれがもたらす困難・不利が継承されていく可能性が高いこと、の2点において、子どもの貧困はより深刻だと考えられています（埋橋、2015）。

　親の貧困と異なる子どもの貧困の特性は十分解明されていませんが、埋橋は、親は基本的に勤労に従事し、子どもは学校に通う、子どもは成人に比べて教育による陶冶の可能性が高いなど、同一家計に属しつつも親と子の生活は異なり、同一世帯内の親の貧困と子どもの貧困は「原因」と「及ぼす影響」の2点において異なるとしています。

　また、貧困の子どもへの現れ方や経験のされ方は、子ども期の特徴と関わって理解することが必要です（松本、2016）。その特徴には①家族依存度の高さ、②

身体的脆弱性、③成長と発達の過程にあること、④学校制度との関わりが深いこと、⑤アイデンティティ形成の時期であることなどがあり、貧困が、「疾病や不健康」、「成長・発達の疎外や不利」、「学校・教育からの排除と教育達成の不利」、「スティグマや選択可能性の制約による意識と意欲形成の制約」などとして経験されやすいことが指摘されています（松本、2016）。

　そして、子どもには「子どもの世界」が存在し、子ども期は、それ独自の規範や慣習が存在するひとつの社会経験であり、仲間と友情を育んだり社会的な交流を重ねたりすることが、社会的アイデンティティを発達させ、自分たちの社会関係資本を高めるうえできわめて重要な役割を果たします（リッジ、2002）。金銭的な制約はこの「子どもの社会」からの排除を招き、結果として、貧困層の子どもの多くは、自分たちの身近な世界に閉じ込められ、自らを排除するとともに、「質的に異なる学校経験」をしていることが指摘されており、中退などの「学校からの排除」だけでなく、「学校における排除」にも目を向けることが重要となります（リッジ、2002）。さらに、子ども期の社会的不利には、学術的興味や探求心、勉学への前向きな態度を阻害する貧困の側面があること（モーティマーとブラックストーン、1982）も教育関係者は理解する必要があるでしょう。

　これらから導き出される子どもの貧困を捉える視点としては、まず、貧困は親の貧困であり、子どもには一切責任がないにもかかわらず、子どもの困難・不利として現れることを前提として、①現れている子どもの困難・不利の多元性と複合性に着目すること、②発達途上の子ども期の特徴との関わりにおいて理解する必要があること、③困難・不利に伴う子どもの社会的排除として、「子ども社会からの排除」「学校における排除」「学校からの排除」のそれぞれに目を向けることなどが考えられます。

3.　子どもの貧困に対するアプローチ

　では、これらの視点から捉えられる「子どもの貧困」に対するアプローチにはどのような次元が設定できるでしょうか。ここでは、先行研究を参考としながら、親の貧困から子どもの困難・不利につながる段階に対して4つのアプローチを設定してみました（図表Ⅰ-1-3参照）。

　第一は、原因となる「親の貧困」に直接的に働きかけるアプローチ（親の貧困

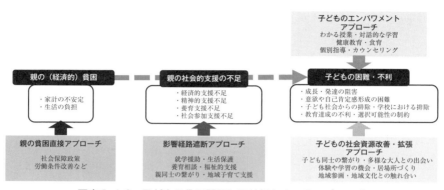

図表 I -1-3　子どもの貧困問題に取り組む 4 つのアプローチ
出典：柏木（2017）p. 13 の図を一部参考にして、筆者が作成。

直接アプローチ）です。これは社会保障制度・政策や親の労働条件・賃金水準の
改善、現金給付政策の充実などの生活基盤保障に焦点を当てたアプローチです。
　第二は、親の貧困から子どもの困難・不利へとつながる経路に働きかけるアプ
ローチ（影響経路遮断アプローチ）です。近年、その複雑な経路分析が進められ
ていますが、親の貧困から子どもの困難・不利は直接的に引き起こされるわけで
はなく、親の精神的不安定や健康状態の悪さ、社会的孤立などのさまざまな媒介
要因が重なって起こることが明らかになりつつあります。柏木（2017）によれば、
その経路には①保護者にさまざまな困難が降りかかる段階、②世帯に対する周囲
からの社会的支援の段階の 2 段階があり、保護者に困難が生じても、世帯に対す
る周囲の支援があれば子どもの困難・不利は軽減したり、生じなかったりすると
されます。「影響経路遮断アプローチ」は、この第 2 段階の支援に焦点を当てた
アプローチです。
　第三、第四は、親の貧困を背景にして子どもに生じている困難・不利に対して、
子ども自身がそれに負けない力を育む手立てに焦点を当てたアプローチが挙げら
れます。
　埋橋、矢野ら（2015）は、子どもの貧困に対するコンピテンシーを育む福祉・
教育プログラムの開発研究の中で、コンピテンシー、レジリエンス、ケイパビリ
ティの 3 つの概念を「貧困に負けない力」という点から整理しています。コンピ
テンシーが個人に内在する能力であるのに対して、レジリエンスは、リスクと防

御要因の双方に環境要因と個人要因があり、さまざまな環境的、個人的防御促進要因の働きによって「逆境にもかかわらず、うまく適応する」状態をいいます。また、ケイパビリティ概念は、提唱者のアマルティア・セン（1999）によれば、「生活」を「機能」（ある状態になったり、何かをすること）の集合から成るとした場合、人が選択を行うことが可能な機能の組み合わせの集合であり、「さまざまなタイプの生活を送る」という個人の自由を反映した機能のベクトルの集合と捉えられます。困苦を強いられている人は、基本的な機能を達成する自由を欠いているとされ、その自由の根源的な重要性に着目した概念です。これらを総合し、埋橋らは、「貧困に負けない力」を、子ども同士や周りの大人との関係を含む環境条件との組み合わせの中で働く力と捉え、一方で環境的な守りの力を構築し、他方で教育によって人と人が支え合う関係性と個人が自らを支えていく力を育むことが重要だと指摘しています。

　これらを踏まえると、「貧困に負けない力」を育む手立てには、子ども自身が他者との関わりの中で自らを支え、力をのばしていくことに焦点を当てたアプローチ（第三：子どものエンパワメントアプローチ）と、子どもを守り育てる社会的資源そのものの改善・拡張に焦点を当てたアプローチ（第四：子どもの社会資源改善・拡張アプローチ）が設定できます。

　子どものエンパワメントアプローチに最も大きな影響を与えるのは学校です。日本の学校は、学歴や職業にかかわらず一様に「がんばる」人々を新たな社会集団として形成する役割を果たし「同質化の機関」として発展してきたとされます（志水、2010）。その良さと裏腹に負の側面として生じるのが、先の「学校における排除」の問題です。久冨ら（1993）は、教師が子どもを平等に扱うがために、階層格差や生活困難を意図的に「ないもの」として対処しようとし、子どもの経験している生活困難や不幸の重なり、保護者の願いなどがヴェール一重で隠され、教師に見えていない点を問題視しました。これに対し、近年提唱されている概念に「ケアする学校」や「チームとしての学校」があります。「ケアする学校」は、差異を前提として、個人を単位とする教育への変換を要請するものですが、柏木（2017）は、今日求められるのは、特定の教員による個人プレーではなく、ケアの組織的展開を可能にする学校文化の創造であり、それが分業に陥るとケアする文化は創造されないことを指摘しています。

　また、子どもの社会資源改善・拡張アプローチに重要な役割を果たすのは、ス

クールソーシャルワークや「地域学校協働」などの機能です。ケアする学校文化を支える土台としても、放課後や休日などの学校内外の場での教員以外の人々の協働によるケアする地域文化の広がりが重要なのです（柏木、2017）。

　貧困は本来「親の貧困」であるが故に、第一や第二のアプローチばかりに焦点がいきがちであり、"学校ではどうにもできない"という無力感に駆られる教員も多いものです。しかしながら、親の貧困やそれに起因する親の困難・不利に働きかけるアプローチだけに着目していると、子どもが直面している困難を見過ごしてしまう可能性があります。貧困から生じる子どもの困難・不利を教育課題として受け止め、「子どものエンパワメント」や「子どもの社会資源改善・拡張」に焦点を当てた第三、第四のアプローチにも着目し、これらに複合的に取り組むことのできる学校づくり・地域づくりを行うことが求められます。

4.　本書のポイント

　最後に、本書を読むにあたってのポイントとして3点提示します。

　1点目は、本書が着目する「子ども期の段階」です。困難・不利の蓄積や悪循環は貧困概念の特徴であり、その累積負荷が増すごとに状況が複雑化し、初期であるほど子どもの教育による陶冶の可能性の高さが期待されます。このため、本書では、子どもが自律的な生活をスタートする義務教育段階に主たる焦点を当てて論じていきます。

　2点目は、子どもの困難・不利に対して、日本の学校がこれまで有してきた機能と、今日求められる多職種協働やケア概念との双方を架橋する実践の提示への注力です。日本の学校教育制度は、その発足当初より学校給食や学校保健の機能も含め、救貧のみならず多面的なケアや子どもたちの生活能力の育成機能を内包して発展してきました。また、「同質化」機能の内には、排除的要素だけでなく、子ども同士の教え合いや育ち合いを重視する学級文化・学校文化が存在しており、包摂機能を併せ持ってきました。こうした機能と今日推進される多職種協働や地域協働が、子どもの困難や不利への着目、多様性を前提としたアプローチを巡って有機的に結合していくことが重要です。こうした視点に立ち、本書では、基礎編において多様な立場から見えてくる子どもの貧困の様相とチームアプローチの考え方を示した上で、応用編において具体的な実践を提示していきます。

　3 点目は、2 点目に挙げたこれからの教育を前提とした教員養成・研修への着目です。家庭の状況を背景として複合的に現れる子どもの困難や不利を教育課題として受け止め、チームとしてアプローチしていくためには、子どもの多様なニーズに気づくための基礎的な知識や、校内支援体制、地域学校協働などの組織的な対応に必要な実践力・教育協働力を高める教員・教育支援者養成カリキュラム、研修の充実が不可欠です。教員の負担増を抑制する視点も含め、その考え方と実践を提示していきます。

　本書を通じて、教育・教育支援に携わる関係者が、今日的な貧困の「見えにくさ」を乗り越え、子どもたちに生じている困難や不利に寄り添いながら、子どもを守り、その困難や不利に負けない力を育み、子どもの可能性を広げていくことのできる、チームアプローチによる学校づくり・地域づくりの視点が深まることを期待しています。

[引用・参考文献]

・厚生労働省（2016）貧困の年次推移、平成 28 年国民生活基礎調査.
・Rowntree, B. S.（1922）, "*Poverty: A Study of Town Life*", Longmans.（長沼弘毅訳、1959、『貧乏研究』ダイヤモンド社）
・Townsend, P.（1974）, "*Poverty as relative deprivation*," Wedderburn. D., Poverty, inequality and class structure, Cambridge University.（高山武志訳、1977、「相対的収奪としての貧困」ウェッダーバーン．D. 編著『イギリスにおける貧困の論理』光生館）
・阿部 彩（2012）「『豊かさ』と『貧しさ』─相対的貧困と子ども」『発達心理学研究』23(4)、pp. 362-374
・田中聡子（2007）「貧困概念と社会的排除についての一考察」『龍谷大学社会学部紀要』31、pp. 15-27
・埋橋孝文・矢野裕俊編著（2015）『子どもの貧困／不利／困難を考える』ミネルヴァ書房
・松本伊智朗（2016）『子どもの貧困ハンドブック』かもがわ出版
・Ridge, Tess（2002）, "*Childhood poverty and social exclusion: from a child's perspective*"（=2010、中村好孝、松田洋介訳『子どもの貧困と社会的排除』桜井書店）
・Mortimore, J. & Blackstone, T.（1982）, "*Disadvantage and Education*", Heinemann Education Book Ltd.
・柏木智子・仲田康一編著（2017）『子どもの貧困・不利・困難を越える学校』学事出版
・セン、アマルティア（1999）『不平等の再検討─潜在能力と自由』岩波書店
・志水宏吉（2010）『学校にできること─1 人称の教育社会学』角川選書
・久冨善之（1993）『豊かさの底辺に生きる』青木書店

第 2 章

学校教育と「子どもの貧困」

第1節 家族の多様化と学校を通した ケアの社会保障

松川誠一

1. 「教育する家族」の揺らぎと子どもの貧困

　戦後日本の繁栄は高校・大学進学率の上昇を通じた良好な人材供給によって下支えされていました。これは、子どもの教育が親にとっての第一の関心事となる「教育する家族」の考え方が日本全体に広がったことと関連しています（広田、1999；神原、2001）。他方、他の先進国と比較して、日本は教育支出全体に占める公的支出の割合が低く教育費の家庭負担率が高い家族頼みの教育という特徴も持っています（中澤、2018）。子どもの学力形成についても家族が責任ある教育上の役割を果たすことを当然視するようになっています。

　しかし、1990年代以降の長期にわたる経済の低迷はこのような「教育する家族」の経済的基盤を掘り崩すことになりました。人々がいだく社会に対する見方も「一億総中流社会」から「格差社会」へと移り変わっています（橋本、2018）。子どもの学力形成のために振り向けられるお金や時間が圧倒的に不足している家族が顕著に増えてきているのです。

　貧困世帯に育つ子どもの割合、いわゆる子どもの貧困率が子どもの7人に1人に達していることが2009年に公表されると大きな反響を呼びました。しかし、そのような子どもたちに日々接しているはずの公立小学校の教師たちの間では当惑が広がっています。「自分のクラスの子どもたちを見ていて、貧困がそのように広がっているようには思えない」と。もちろん、多くの小学校教師は担任する学級において誰が就学援助を受けているか把握していますし、その受給判断が家庭の経済状況に基づいてなされていることも知っています。それにもかかわらず、就学援助を受けている子どもとそうでない子どもの間に「特段の違い」は見

られず、教室内に特に問題とすべき「貧困」が存在しているとは思えないのです。

2.　なぜ学校では貧困が見えにくいのか

　なぜこのような見方が教師たちの間に広まっているのでしょうか。いくつかの理由が考えられます。まず第一に、これは教師に限らず日本社会全体にあてはまることですが、「貧困」という言葉が喚起するイメージが、飢餓など極度の栄養不良状態にある「絶対的貧困」のそれに近いものになっていることがあります。そのため（絶対的）貧困は、戦後直後はいざ知らず、今日の日本の学校ではあり得ない話ということになります。しかし現在、政府が発表している貧困率は、所得分布から算出される「相対的貧困」の考え方に基づいています。相対的貧困の判断基準は抽象的なので、目の前にいる子どもの姿と直感的に結びつきにくいのです。また、かりに栄養不良の子どもがいても、その子どもは「貧困」ではなく「虐待」や「養育放棄」の状況下にあると見なされる傾向も強くあります。

　第二に、家庭の経済状況に起因する生活上の格差を子どもたちの間に看取ることができたとしても、その格差を許容できないものと判断するかどうかは別の問題です。家庭間に格差が存在していてもそれは自然なことであり、学校はその格差に対して積極的な対応をとる必要はないであろうという考え方は珍しくはありません。子どもに対する「特段の配慮」が必要と判断される事態はさまざまな原因から生じており、貧困はその1つに過ぎず、配慮事項の山の中に埋もれてしまっているのです。

　第三に、学校・学級経営における平等主義志向が生み出す効果があります。子どもたちを平等に扱おうとすると、教師は自分の行動が子どもたちから「えこひいき」をしていると見なされないようにすることも必要になります。これが教師にとって外面的・形式的な平等を重視せざるを得なくなるような力を生み出します。こうなると「特段の配慮」は子どもたちからは見えないように行うか、配慮が必要だと見なさず問題自体をやり過ごすことにつながっていきます（久冨編、1993；盛満、2011）。

　第四に、家庭の経済状況は子どもの学校での様子にストレートな形で反映されるわけではないということがあります。親は、生活の苦しさを子どもの姿から感じ取られることがないようにカバーしようとしますし、子ども自身も自覚的にそ

のように振る舞うことがあります。いじめられるリスクを避けるためには、みんなと同じであることが重要だからです（リッジ、2010）。このため学校内で感じられる経済格差は、家計上での格差よりも緩やかなものになっているのです。近年では担任教師による定例の家庭訪問を取りやめている地域・学校も多く、教師が子どもの生活状況を直接的・具体的に知ることのできる機会も減っています。

　以上のような理由から多くの教師たちは「子どもの貧困」など学校内には存在しないように感じています。政府が「子どもの貧困対策大綱」（2014 年閣議決定）の中で「学校を子供の貧困対策のプラットフォームと位置づけ」ていても、学校現場が当事者意識を持つことは難しく、当惑するばかりです。貧困の中にある子どもたちを相対的貧困という所得・消費水準の側面から見ても、学校内には「問題がない」ようにしか見えない（湯浅、2008）のです。しかし、格差がさまざまな形態をとって広がっている日本社会において、学校だけがその負の影響から逃れられているということはあり得ません。子どもの貧困の問題を「社会的排除」という視角から見ると、その問題の深刻さがよりはっきりと意識できるようになってきます。

3.　社会的排除と学校

　1980 年代以降、欧米諸国では福祉国家政策の転換に起因する社会的格差の拡大やその固定化傾向に関する研究が進みました。その中から生まれてきたのが「社会的排除」という考え方です（志賀、2016）。これは貧困を所得の大きさのみに基づいて定義するのではなく、人々の生活における活動の質と量から判断していこうというものです。学校における「子どもの貧困」は相対的貧困の観点からは極めて見えにくいものになってしまいますが、社会的排除の観点をとると、かなりはっきりとその姿を捉えることができます。

　学校における社会的排除は、「学校からの排除」と「学校における排除」に分けることができます（西田、2012）。「学校からの排除」とは、たとえば、進学希望があっても経済的な理由のために断念せざるを得ないといったものが典型的です。生活保護世帯や児童養護施設で暮らす子どもたちの高校や大学への進学率は、そうでない子どもたちと比較して目立って低いことが指摘されています（林、2016；西田、2012；西田・妻木・長瀬・内田、2011；道中、2009）。もちろん進

学しないという意思決定は、本当は進学したいが経済的に難しくて断念するというケースだけでなく、経済的な不利が学力不足につながり、その結果として進学意欲が失われているというケースもあります。特に、高校中退の場合は、その後の人生で貧困状態に陥る可能性が顕著に高くなります（青砥、2009）。本人が「主体的に」決めたように見えても、そこに至るプロセスの中では「学校からの排除」と見なしうるような力が働いているのです。

　「学校における排除」のほうは「学校からの排除」よりも複雑で気がつきにくいかもしれません。学校に通っている子どもたちは、形式的には学校から排除されていません（しかし、この少なくない例外が不登校や保健室登校であり、外国籍の子どもたちの不就学です）が、これは「学校における排除」が生じていないことを意味しません。いじめや仲間はずしによる学級内での孤立のように排除が顕在化しているものだけでもありません。そのような目に見える「学校における排除」と同じくらい（もしかしたら、もっと厄介な）問題なのは、いわゆる学力不足です。授業は子どもの学校生活において中核的な位置を占めています。子どもたちの学力は小学校の低学年においても相当なばらつきをもっていますが、授業についていけるだけの基礎的な学力が身についていない子どもは、たとえ教室内にいたとしても、授業に十全に参加できているとはいえないことがしばしば起こります。授業に不十分な参加しかできなければ、学習内容のさらなる理解不足につながることは避けられません。つまり、学力不足は学校における排除の結果であるとともに、排除を生み出す原因ともなっているのです。この累積が結果として学校からの排除を引き起こすことはいうまでもありません。学力不足としばしば併存する他者からの承認の不足、低い自己肯定感・自己効力感、将来展望の曖昧さは、学校外での社会的排除が示す「参加の欠如、不確かな帰属」（岩田、2008）という特徴と同型的です。

　小学校の先生たちに子どもの貧困についての話を聞くと、授業で必要な学用品がそろわないことと、何日も入浴していないことから生じる異臭や洗濯がなされていなかったり季節外れになっている服を着ていることといった子どもの身だしなみ、清潔さに関する話題が必ず出てきます（松川、2017；竹鼻ら、2019）。特に後者のケースは事態の深刻さから教師たちに強い印象を残しているのですが、絶対数としては多くありません。大部分が相対的貧困の状況にあると考えられる就学援助の対象者の数の多さとは対照的です。こうしたケースは教師たちの目か

らは、「貧困」とは別種の問題で、「虐待」や「育児放棄」といった枠組みで理解されていることが多いように思われます。そして、その原因は親の個人的な道徳上の資質へと帰されていきます。こうなると教師や学校は、社会的排除の状態にある子どもを仕方がないもの、どうしようもないものと思うようになってしまいがちです。

4.　社会政策としてのケアする学校

　では、子どもの貧困を社会的排除という観点から捉え直したときに、学校は何をなすべきなのでしょうか。社会的排除は、相対的貧困と比べてはるかに関係論的な概念です。子どもが経験する社会的排除において最も重大な意味をもつのは、安定した温かみのある養育関係からの排除でしょう。他者からのケアがなくては生きていくことさえできない子どもは、本来的に依存的な存在です。しかし、この点が子どもの貧困問題の解決に際して、学校に特有の困難を生み出すことにもなっています。

　我々の社会においてはその正当なメンバーであるための要件として、まず第一に自立／自律した人間であることが求められています。経済的に自立できていない状態にある「貧困」者は、その要件を満たしていない存在と見なされがちです。他方、子どもは依存的な存在であるものの大人ではない存在として社会の中で有効期限付きの特別な地位を割り当てられています。その特別さは、成長とともに依存状態を脱していくことが期待されていることと裏腹の関係にあります。学校は依存状態にある子どもを非依存＝自立／自律した主体的存在に変えていくための社会的装置です。

　これは学校にとっては、一方で依存的存在としての子どもに対してケア関係を提供しつつも、他方ではそのケア関係から離脱する／できる主体を育てていくという矛盾したプロセスを遂行しなければならないことを意味します。学校は子どもたちにとって擬似的な公的領域として経験される必要があり、個別的で私的な様相を帯びがちなケア関係は、勢い学校のなかで公式的に高く評価しにくく、周辺化されて必要悪のような存在と見なされることさえあります。

　今日の子どもの貧困の広がりは、子どものケア関係をめぐる学校と家族の間の分業体制が機能しなくなっていることを意味しています。この分業体制は規範的

な意味も帯びていますから、分業がうまくいかないと、この分業体制自体が子ど
もに対する社会的排除を引き起こすことにもなります。子どもが第一に依存する
べき先は家族であり、学校の役割は二次的・補完的であると考えられています。
それゆえに子どもに対するケアの第一義的な責任を学校が担おうとすることは、
それ自体が問題視されます。また、学校はそうした責任を担うに足る資源を十分
に持ち合わせてもいません。学校におけるケアが家族によるケアを前提としてい
るために、家族のケアが機能しなくなっていると、学校でのケアの前提を満たし
ていないという理由からその子どもは「学校における排除」の対象となってしま
うことさえありうるのです。

　したがって、社会的排除としての貧困の状態にある子どもに対する政策的な対
応は、まず、子どもが生活全般において適切な依存状態にあるのか、つまり、適
切なケア関係にあることが保障されているのかどうかを見極めるところから出発
しなければならないでしょう。このとき、子どもにとって必要なケアを「誰が」
担うべきであるのかは、二次的な問題となります。親・家族が子どもに対するケ
アの出し手になれない事態を「教育する家族」という社会規範に反するケースと
して扱わないような政策システムが立案・展開されなければなりません（ファイ
ンマン、2003）。学校が子どもの貧困対策のプラットフォームになるということ
は、貧困状態にある子どもたちに欠けている資源を学校経由で補填するというこ
とだけでは必ずしもないでしょう。学校が子どもたち1人ひとりに配慮し、必要
があればケアの出し手となることを躊躇しないような仕組みが求められます（ノ
ディングス、2007）。子どもの養育責任を親・家族に強く求める「教育する家族」
という戦後家族モデルの経済的条件が掘り崩されつつある今日の状況において
は、非家族による子どもの養育・ケアに対して社会的な正当性が与えられる必要
があります。社会的排除に抗うために学校が果たすべき役割は、子どもにとって
の「重要な他者」として、非家族による子どもへのケアの供給を見守る＝ケアす
る場となることなのです。日本では学校が社会政策の重要なアクターであるとい
う考え方が欧米に比較して希薄ですが、ケアの社会保障としての反貧困政策は、
学校という場に福祉的支援の専門職が関与していくだけでなく教師による学校運
営・学級経営のあり方や授業展開の仕方といった学校教育そのものを視野に入れ
たものになる必要があります。全ての子どもの学び・育ちに関する最低限度の保
障を実現するためには、ケア関係の再分配を学校という場を通して志向する教育

＝社会政策が求められているのです。

[引用・参考文献]

・青砥　恭（2009）『ドキュメント高校中退―いま、貧困がうまれる場所』筑摩書房
・岩田正美（2008）『社会的排除―参加の欠如・不確かな帰属』有斐閣
・神原文子（2001）「〈教育する家族〉の家族問題」『家族社会学研究』12（2）、pp. 197-207
・志賀信夫（2016）『貧困理論の再検討―相対的貧困から社会的排除へ』法律文化社
・竹鼻ゆかり・朝倉隆司・馬場幸子・伊藤秀樹（2019）「養護教諭の語りから見た子どもの貧困と教育支援」『学校保健研究』60（6）、pp. 340-352
・中澤　渉（2018）『日本の公教育―学力・コスト・民主主義』中央公論新社
・西田芳正（2012）『排除する社会・排除に抗する学校』大阪大学出版会
・西田芳正・妻木進吾・長瀬正子・内田龍史（2011）『児童養護施設と社会的排除―家族依存社会の臨界』解放出版社
・ノディングス、ネル（2007）『学校におけるケアの挑戦―もう一つの教育を求めて』ゆみる書房
・橋本健二（2018）『新・日本の階級社会』講談社
・林　明子（2016）『生活保護世帯の子どものライフストーリー―貧困の世代的再生産』勁草書房
・久冨善之編（1993）『豊かさの底辺に生きる―学校システムと弱者の再生産』青木書店
・広田照幸（1999）『日本人のしつけは衰退したか』講談社現代新書
・ファインマン、マーサ　アルバートソン（2003）『家族、積みすぎた方舟―ポスト平等主義のフェミニズム法理論』学陽書房
・松川誠一（2017）「学校教員の「貧困」に対する認識：小学校教員へのインタビュー調査の結果から」東京学芸大学パッケージ型支援プロジェクト『附属学校等と協働した教員養成系大学における「経済的に困難な家庭状況にある児童・生徒」へのパッケージ型支援に関する調査研究プロジェクト　平成 28 年度報告書』東京学芸大学、pp. 23-32
・道中　隆（2009）『生活保護と日本型ワーキングプア―貧困の固定化と世代間継承』ミネルヴァ書房
・盛満弥生（2011）「学校における貧困の表れとその不可視化」『教育社会学研究』88、pp. 273-294
・湯浅　誠（2008）『反貧国―「すべり台社会」からの脱出』岩波書店
・湯澤直美（2017）「子どもの貧困対策の行方と家族主義の克服」松本伊智朗編『「子どもの貧困」を問い直す―家族・ジェンダーの視点から』法律文化社、pp. 11-34
・リッジ、テス（2010）『子どもの貧困と社会的排除』桜井書店

第2節　貧困による学力格差を重視した学習指導と学校づくり

大澤克美

1.　学力に見る子どもの多様性に配慮する授業づくりと学習指導

（1）　子どもの学力格差とその背景を視野に入れた支援体制の必要性

　学力が高い・低いといった個々の子どもの差異を生み出している背景には、諸能力の伸長及びその基盤となるレディネスの形成に関わるさまざまな要因が認められます。学力が低いグループには、貧困などの要因により家庭が本来もつ育児機能を果たせず、保護者との関係性を含め生活や生育の環境に問題が生じてしまった子どもたちがいます。各学年で一般的に想定されている学ぶ力が未発達な子どもたちは、意図された教育内容の習得や能力の育成以前に、教師の指示や発問、学習活動などに戸惑い、課題や学び方の理解に躓くことが多いため状況に応じた学習への支援が必要になります。

　一般的に家計の経済的な困窮は、家庭生活や育児、家庭教育などに種々の困難を生じさせます。そのため、たとえば遊びをはじめとする原体験や、対話を可能にする言語環境が不十分であったり、情意や感性、社会性などを涵養する機会が失われたりすることから、小学校の学習に必要な能力や資質が育まれていない子どもが少なからず見受けられます。

　入学段階での学ぶ力の未発達は、上記のように学習に取り組むことを難しくし、その結果学んだ力いわゆる「学力」の向上をも困難にしています。そこで生じた低学力状態を深刻化させながら、上学年に至る事例も珍しくありません。全体的に見れば、学力格差が学年進行に伴って一層拡大し、加えて家庭と学校との連携も難しいため、教育内容が増す中で学ぶ力の差異に配慮した授業づくりや学

習指導が、益々難しくなっているのが現実です。

　こうした現実に対応するためには、子どもの個別的な状況に応じて校内の教員連携はもとより、前章で示されたスクールソーシャルワーカー・スクールカウンセラー、児童相談所職員等々との連携やチームアプローチが不可欠となります。小学校では、1 人で対処できて一人前といった従来の教員文化に加え、学級担任制によりとかく支援を必要とする子の指導を担任教員のみで、あるいは担任と学年主任で担いがちです。そのため、支援を要する子どもたちと学級、家庭と保護者への理解を多面的・多角的に深めつつ適宜対応できる支援体制の整備が大切です。

(2)　個々の学ぶ力と学級の状況に着目した授業デザインの検討

　全教科・領域の指導を前提とした小学校の担任教員には、知識や経験、能力の格差及び性格・行動面の特性などに配慮し、基礎的な諸能力が低い子どもでも学びやすい授業デザインを探究することが期待されます。ただ、実際に支援を要する子どものために授業デザインを検討する際には、その子の状況だけではなく、その子が学び生活する学級の状況や現状を把握することも重要でしょう。たとえば、支援すべき子どもの人数と個々の状況、グループ学習などの可能性、さらには担任以外の支援者の有無など、授業を行う学級の現実や環境を考えることなく授業デザインを検討することはできません。当然、子どもの相互理解や助け合いといった人間関係、集団としての成熟度などにも配慮が必要です。

　授業の目的や目標、個と集団の状況に基づき、教員が授業デザインを検討する際の参考にするため、一般的な授業デザインとそこでの課題例を端的に示したものが、東京学芸大学附属竹早小学校との研究協力により作成した「学習指導案モデル」（基本構想）です。

学習指導案モデル（2019・8 修正版）

モデル 1　習熟度別クラスで実施する授業の学習指導案
〈課題〉　未習熟クラスの授業における教材や学習過程等の工夫
モデル 2　学習の内容や場面により配慮を要する子どもに応じた学習指導案
〈課題〉　学級全体の学習過程を想定した上で、個々の状況に応じた留意点、
　　　　　複数の教材や学習活動の準備、個別の指導時間の確保等の工夫

モデル3　　入学当初に基礎的能力や学習への構え等を習得させる学習指導案
〈課題〉　　子どもの状況に応じた遊びの学習化、学習の遊び化等の工夫
モデル4　　知識や経験などに格差が見られる子どもが協働して学べる学習指
　　　　　　導案
〈課題〉　　協働的な学習を実現するため、子どもたちの知識や経験、能力等
　　　　　　の差を障害としないための指導の工夫
モデル5　　学力格差が大きくその階層が固定化した学級の学習指導案
〈課題〉　　目標や内容の難易度別設定、学習過程の複線化等の工夫

　モデル1・2は主に本時案を改善するための検討であり、3～5は単元計画全体の検討を含むため、1～5は開発の難易度を想定したものです。また、モデル3はスタートプログラムなどとも呼ばれているものですが、ここでは幼稚園や保育園と小学校との段差をどう架橋するかよりも、貧困による学ぶ力の未発達な子どもたちにどう対応するかに重点を置いたプログラムを想定しています。

(3) 子どもの学ぶ力の差異を前提とした学習指導に求められる工夫と配慮

　教育現場の現状を踏まえつつ、学ぶ力の多様性を考慮した授業づくりを進めるにあたっては、たとえば研究授業を設定し、その学習指導案作成と授業実践に基づく検討を進める中で、授業時の子どもたちの様子と授業者の子ども理解に基づき指導の課題を明確化し、具体的な対応や配慮を盛り込んだ改善学習指導案を作成するといった方法が有効です。学ぶ力の格差に対応するためには、各学級や支援対象となる子どもの状況、学習の内容や活動に応じたカスタムメイドの指導案づくりと、授業の観察者や協力者の対話及び協議による授業の省察、その成果としての改善策の具体化が必要だからです。

　学校全体での研究授業でなくとも、各学年単位、低・中・高学年単位でチームをつくり、より緊急性の高い課題を取り上げ、校内・校外の関係者が緊密に協力・連携して授業とその省察に取り組むことも1つの方法です。こうした一連の取組による Plan → Do → Check → Action の進め方は、特別な研究方法ではありませんが、それだけにどこの学校でも可能な子どもの多様性に応じた授業づくり、学習指導改善の手立てといえましょう。

　下記の「子どもの多様性を前提とした学習指導の工夫と配慮（案）」は、公立小学校との協力・連携による学習指導案検討・授業観察・事後の協議と、関連する先行実践などの考察を踏まえ、子どもの多様性に配慮した学習指導を具現化する学習指導案の作成と日常的支援に期待される事項を整理したものです。

子どもの多様性を前提とした学習指導の工夫と配慮（案）

（2019・3 修正版　一部省略）

作成：小野　學・大澤克美・松川誠一

　子どもの多様性を前提としたダイバーシティ教育を推進するためには、目の前の子どもの学習状況及び特性等を把握した個別的・継続的な指導を行うことが重要である。またそれに加えて、基礎学力等の不足により学習に取り組めない子どもや、他者との関わりに問題がある子どもなど、学習への多様な阻害要因を抱えた子どもの存在に配慮したユニバーサルデザインの単元プラン、学習指導案の作成が必要となる。学級担任制をとる小学校で毎時間の学習指導案を作成することは困難であるが、研究授業あるいは気にかかる子どもへの配慮が必要な授業について、学級の実態に応じたユニバーサルデザインの学習指導案を検討してみることは、授業力の向上にとっても大きな意味をもつ点に留意すべきである。

　なお、子どもの多様性に対応するためには、適時同学年の教員など他の教員との連携・協働、必要に応じてスクールカウンセラーやスクールソーシャルワーカー、学校外の専門家や機関との連携・協働ができる体制の整備・構築が求められており、状況に応じて多様な連携・協働を要請できる教員、連携・協働をコーディネートできる教員の育成が不可欠である。

　この「子どもの多様性を前提とした学習指導の工夫と配慮」には、A：日常的に検討すべきこと、B：学習指導案の作成など授業計画時に検討すべきこと、C：授業終了後の記録、評価、省察等において検討すべきことがある。当然のことながら A から C の工夫と配慮は計画性、関連性、連続性をもつことが前提となるが、実際の授業では A や B において想定できなかった子どもの反応、状況も日常的に生起する。そのため授業展開においては、子どもへの理解と学習の場面に基づく即応的な対応とその効果の見極めが求められる。

35

Ⅰ　子どもの学習状況及び学習を阻害する要因等の把握

　1－1　学習指導・生徒指導、学級経営に見る集団としての学級の状況

　1－2　学級の状況把握に基づく教師の課題や取り組み

　1－3　第3者の観点から見た学級の状況の考察と学習指導の工夫や配慮
　　　　の要点

　2－1　支援や配慮を要する子どもの個別的な学習状況

　2－2　個別的な学習状況の把握に基づく教師の課題や取り組み

　3－1　第3者の観点から見た個別の学習状況の考察と学習指導の工夫や
　　　　配慮の要点

Ⅱ　学習しやすい日常的な環境づくり

　1－1　学習の見通しをもたせる工夫
　　　　①黒板や所定の壁面等に学習の流れやルールを明示する
　　　　②各時間の学習課題や目当てを明示する

　2－1　規律を維持し、誰もが参加しやすい雰囲気にするための工夫
　　　　①約束カードを用いて最低限のルールを明示し、立ち歩きや私語を
　　　　　コントロールする
　　　　②全体の話し合いや発表会など、話し合い活動への参加が不得意な
　　　　　子どもが参加しやすいルールづくりなどの工夫をする

Ⅲ　子どもの多様性を前提とした授業計画の作成

　＊研究授業など学習指導案を作成する際には、適切な形式を設定して下記
　　の事項を記載する

　1－1　所定の目標や学習内容に基づき、「Ⅰ」を踏まえて学習課題、展
　　　　開、教材、活動等を検討

　2－1　主体的な活動を導くための復習や学習課題、目当て等の明示
　　　　①導入時に前時の振り返りを行い、既習事項を視覚化（板書記録や
　　　　　教室掲示）により確認する
　　　　②本時の学習課題や学習目標（目当て）を精選し、焦点化したうえ
　　　　　で提示する
　　　　③本時の学習課題や目当てを達成するための具体的な取り組み方を

　　　　明示する

　3 − 1　学習過程における子どもの状況を想定した工夫や配慮の具体化

　　　　①子どもの状況に対応した学習活動の選択と設定を工夫する

　　　　　　○活動方法の掲示

　　　　　　○設定した学習活動に応じた留意点及び注目児の確認

　　　　②教材の開発や作成について工夫する

　　　　　　○図表や写真の活用、ルビの添付

　　　　　　○映像教材の活用（見せ方、大きさ等）

　　　　　　○既存の認識を揺さぶる教材など子どもの興味喚起

　　　　　　○各種障がいへの配慮と対応

　　　　　　○個の状況に対応した教材・ワーク等の準備（言語やスキルの習
　　　　　　　熟度に応じた資料の作成等）

　　　　③板書について工夫する

　　　　　　○重要な情報・子どもの意見・議論の流れ等のわかりやすい構成

　　　　　　○話し合いなどでは、思考・判断の拠り所として出された意見の
　　　　　　　要点と発言者などの提示、意見の関連付けや対立などの図化

　　　　④ペア、グループ等の活動形態では、期待するパフォーマンスを引
　　　　　き出す工夫をする

　　　　　　○メンバーの人数、相性、役割、能力など人的な構成面での配慮

　　　　　　○活動内容による場所の選択、机の配置や使用台数など環境面で
　　　　　　　の考慮

Ⅳ　評価の工夫

　1 − 1　個々の取り組みに見られる具体的事実に注目し、「褒める」「励ま
　　　　す」「認める」といったよさに着目した「ほめ指導」の適時実施
　　　　とその記録の継続化

　1 − 2　個の変化に着目し、頑張ってきたことなど成長を自覚させる言葉
　　　　がけ、周知を重視（わかった・できたところ、支援つきでもでき
　　　　たことの賞賛と学級への周知等）

　1 − 3　子どもの失敗や間違いを次につなげる指導・助言の工夫

　2 − 1　研究授業などでは、授業記録に基づき、授業者及び観察者の視点

から個と集団の学びに関わる状況や事実を振り返り、Ⅲによる成果と改善すべき課題を明らかにし、学習指導案の改善を行う

2－2　上記の改善学習指導案を活用して、学校評価、カリキュラム・マネジメントを行う

Ⅴ　着目児への配慮

1－1　記録による児童の実態把握　　＊下記は記録の一例

気になる子どもを中心継続的に観察と記録を行い、中長期での変容を把握する。項目欄は子どもの様相や実態に応じて変更する。

児童名	自然事象への関心	科学的な思考・表現・観察	実験の技能 自然事象について	関心・意欲・態度	知識・技能
A　男	生物への関心は強いが他の単元には無関心	理論立てての思考は難しい	実験結果をまとめることが困難	単元によって差が大きい	偏りが大きい

2－1　着目児への配慮（例）

・その子の課題を明確にする

・写真や図表を黒板に掲示する。同じ内容のプリントを2人に1枚配り、互いに内容を確認させる

・ワークシートを用いて活動の内容を示す

・ワークシートで思考の流れを確認できるようにする

・話し合いの方法を具体的に教えてリハーサルさせる

・できたところ、支援つきでできたところを賞賛する

・振り返りシートはできれば3種類用意して、子どもに選択使用させる

2. 貧困による学力格差の改善をめざす学校教育に求められる教員の主体性と協働性

すでに指摘されてきたことですが、授業づくりと学習指導の改善といった具体

的な検討の機会を生かして、担任教員が他の教員や校外の協力・連携者等と話し合い、継続的に支援を要する子どもの学習指導について多角的・多面的に検討することの重要性は、本研究の一連の取組を見ても明らかです。今後は、そうした省察をさらに充実させ、この多様な取組を校内に広げ、子どもたちの実態と教員の子ども理解の把握を協働的かつ総合的に進めながら、学習指導案の検討、授業実践や個別支援の検証と評価、授業改善案の蓄積によるカリキュラム・マネジメントを全校的に進めていくことが期待されます。

　これら一連の作業に適宜チームをつくって取り組み、その成果と課題を学校内のみならず、学校外のメンバーとも適時共有していくためには、コーディネーターとなる教員の存在、育成が重要になります。また、学級担任だけでなく養護を担当する教員、特定の教科を担当する教員など、個々の教員が他者との協力・連携に主体性を発揮することが大切です。それを促す同僚性、教員文化があってこそ、教員のコーディネーターが育つともいえます。

　教職経験年数の差や専門性等の違いを乗り越え、否そうした差や違いを生かして学校内外の人々とつながっていくことで、教員は学習における子どもの多様性への理解を多元的に深めていくのです。そして、ダイバーシティ教育に根ざした授業構想、学習指導、評価、学級・学年経営等の専門性に関する知見を共有していくことで、学んだ力と学ぶ力すなわち「学力」を、入学から卒業までの全教育課程で育むことが可能になると考えます。

　なお、ダイバーシティ教育に根ざした学習指導案モデルの開発をめざした附属小学校の研究実践では、学年や教科・領域は違っても、「子ども一人ひとりが自他の多様性を認める授業」、「子どもが連帯感をもち社会性を育む授業」の可能性と意義が見えてきました。今後は「子どもがわかった・できたを実感できる授業」を加えることで、学校教育全体の課題とされる自己への肯定感・有用感（自己尊厳の認識）と、他者への理解・信頼（他者尊重の認識）の育成に取り組む必要があると考えます。子どもの貧困とも密接に関わるこの課題では、保護者や地域社会も視野に入れたチーム学校の真価が問われており、従来の教員の意識や文化を改めて問い直すことが必要なのではないでしょうか。

3.　貧困による学力格差に立ち向かう学校づくりを
　　支える教師教育の諸課題

　学力から見た子どもの多様性に配慮した教育活動を充実・発展させることに重点を置いた教員養成と教員研修には、どのような課題があるでしょうか。ここでは先に述べた内容を踏まえつつ、それぞれについて要点のみを簡単にまとめておきたいと思います。

(1)　教員養成の課題（教員養成カリキュラムに期待される学び）
〈子どもの多様性と教員としての向かい合い方を理解するための体験と気づき〉
○教育課題の多様化や教育環境の複雑化に対して、教育実習の期間が相対的に短くなっている。そのため学生が、授業での子どもの様子を観察し、読む・書く・聞く・話すなどの言語能力や社会性、学習への意欲など、個々の子どもの基礎的・基本的な学ぶ力の多様性に気づき、学ぶ力の未熟な子への配慮の必要性を実感できる多様な機会を設定する。
○いわゆる一条校での教員をめざす学生・院生が、学習に困難が生じている子どもの教育と深く関わる特別支援教育や日本語教育、社会福祉などを学んでいる学生・院生と授業で交流をしたり、そうした分野の教育・支援、研究に取り組んでいる大学教員や現場教員、公的機関及びNPOの関係者などによる授業・講演・公開事例研究等へ参加したりして、多様な連携・協力者の役割や機能に気づく場を開く。
○「1人でできて当たり前」といった教員の意識や文化がもつメリットとデメリットに気づき、注目児への理解を深めたり、学習指導上の問題を解決したりするため他の教員や専門家等と協働的に取り組むことの大切さと連携するための方法を知る機会をつくる。

〈子どもの多様性に配慮する学習指導を行うための基礎的な理解と手立て〉
○授業観察演習や教育実習の事後指導、関連する授業科目において、気になった子どもの様子について話し合い、学ぶ力の弱い子どもについての理解を深め、見守り支えるための一般的な手立てや具体的な指導技術を習得できるようにす

る。

○教科の指導法などの授業において、学習指導案の作成に関する基本的な理解を図るだけでなく、子どもの多様性を具体的に想定し、学習場面における子どもの反応予想と教員の対応方法に関する発展的な議論を行い、考察結果を学習指導案に反映させるようにする。

○教職実践演習において、多様な子どもの指導について実習での事実に基づき省察して授業づくりに生かすと共に、子どもを長いスパンで見取りその変容を把握することの意味を議論し、評価の意義と方法、その生かし方について多角的に検討できるようにする。

(2)　教員研修の課題（子どもの多様性について期待される研修の内容と方法）

　これまで述べたことに引き寄せて考えるなら、たとえば現職教員の研修では、教職経験などに配慮しつつ①「学習指導案モデル」に示された一般的な学級の実態と課題について検討・理解し、個々の教員が担当する学級、授業の状況を振り返り、自分が得意とする教科の授業づくりを核として改善や対応を図ることが期待されます。同様に、②「子どもの多様性を前提とした学習指導の工夫と配慮（案）」に示されたⅠ〜Ⅴの内容項目を参考にして、各教員の学級、授業における子どもの学習状況を振り返り、何ができるかを検討し、まずは取り組みやすい事項から始めてみることが重要でしょう。

　一般的な研究授業と協議会による教員研修についていえば、これまで以上に子どもの多様性を前提とする学習指導の工夫と配慮を明確に意図した学習指導案の作成と、それをめぐる協議が実現されねばなりません。そのためには、①や②のような多様性に対応する手立てが広く検討され、各学校や地域で具現化されることが期待されます。学ぶ自由と権利が1人でも多くの子どもに保障される学習指導、授業改善が教員研修の課題といえます。

〈校内研究会〉

○教育課題等に基づく研究テーマのサブテーマに子どもの多様性への配慮に関する課題を設定し、継続的に授業改善と子どもの適正処遇について議論・考察する。関連して研究授業後の協議会を見直し、個々の子どもの学びをめぐる具体的な省察を通して、各教員がそこでの学びを自己の教育実践に生かす手段・方

法が見通せる場とする。

○定期的に事例研究会を設定し、教員から学級の状況や気になる子どもの状況を報告してもらい、校内の理解を図ると共に全体での対応や配慮についても検討する。スクールカウンセラー・ソーシャルワーカーなどに参加してもらい、適時支援チームを作り、専門的家の観点からもアセスメントを行う。（子ども理解の改善や各校に適した対応方法の共有）

〈初任者研修、十年経験者研修などの法定研修及び教育委員会等主催の研修会〉

○教員が研修内容で最も多く希望する教科の指導法・専門的知識・スキルについては、多くの研修が実施されているので、その場を活用して子どもの多様性を前提にした学習指導に関する理解を図る。ともすると子どもの多様性は生徒指導やカウンセリングなど、学習指導と異なる場で扱われがちである。だからこそそうした多様性、特に学ぶ力の未発達な子どもへの理解について、実践事例や授業観察に基づく考察や議論の機会を増やし、特別支援教育等の教員や専門家と協働的に学び深めるといった研修の工夫が求められる。

［引用・参考文献］

・松田恵示・大澤克美・加瀬　進編（2016）『教育支援とチームアプローチ—社会と協働する学校と子ども支援』書肆クラルテ

第 3 章

さまざまな立場から見えてくる「子どもの貧困」

第1節　教員から見える子どもの貧困と その対応

伊藤秀樹

1.　教員が貧困に気づくには

　学校の教員は、貧困世帯に育つ子どもたちにとって、家族を除けば最も長い時間接する大人かもしれません。そのため教員は、子どもたちの困りごとの背景にあるかもしれない家庭の貧困に、最も気づきやすい大人であるともいえます。

　実際に、教員は子どものさまざまな様子を手がかりにして、子どもが育つ家庭の貧困に気づこうとしています。たとえば、本プロジェクトが実施した小・中学校教員への質問紙調査では、子どもが「生活資源の不足」（つまり貧困）の状況にあるかどうかを知る手がかりとして有用だと思うことがらについて回答してもらいました。図表 I -3-1 は「とても有用である」と回答した割合を示したものですが、この結果からは、小・中学校の教員たちが、お風呂に入っていなかったり連日同じ洋服を着ていたりする様子や、忘れ物・欠席・遅刻・早退などの様子など、多様な手がかりから子どもたちの貧困に気づこうとしていることが分かります。

　しかし、学校では貧困が可視化されにくいということもたびたび指摘されてきました（盛満、2011；松川、2017 など）。第 2 章第 1 節ではその理由として、(1)「貧困」という言葉が「絶対的貧困」に近いイメージを持たれていること、(2) 貧困は数ある配慮事項の中の 1 つに過ぎず、配慮事項の山の中に埋もれてしまうこと、(3) 他の子どもたちに見える形での「特段の配慮」ができないこと、(4) 保護者も子どもも家庭の経済的な貧しさを隠そうとすること、の 4 点を挙げています。貧困は、「絶対的貧困」のような深刻なケースがイメージされがちですし、そこまでには達しない貧困は保護者や子どもの努力によって隠されがちです。ま

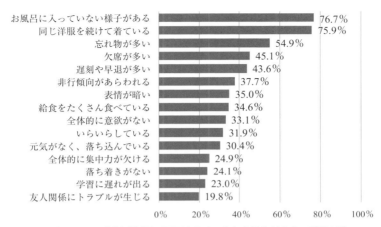

図表 I -3-1　「生活資源の不足」に気づく手がかりとして教員が「とても有用である」と思う割合

出典：林（2016）p. 192 の図をもとに作成。

た、貧困は他の配慮事項（虐待や非行、不登校など）と比べて子どもへの負の影響が見えづらいため、対応が優先されにくく、他の教員が貧困を理由とした「特段の配慮」を行う様子も見えてきません。そのため、学校では貧困は見逃されがちになってしまいます。

　しかし、貧困について以下の 2 つの見方を加えると、貧困は教員にとって、より気づきやすいものとなるかもしれません。以下では、①貧困を「相対的貧困」として見る、②貧困を「経済的な"貧"によってさまざまな"困"が生まれる」ものとして見る、という 2 つの見方について紹介していきます。

（1）貧困を「相対的貧困」として見る

　第 1 章でも述べているように、貧困には「絶対的貧困」と「相対的貧困」という 2 つの捉え方があります。絶対的貧困が衣食住がままならない状態のことを指すのに対し、相対的貧困は各社会において「人並みの普通の生活」とされる水準に達していない状態のことを指します。相対的貧困は、子どもの場合には、みんなが持っているおもちゃが持てない、友だちに話す家族旅行の思い出もない、勉強がわからなくなっても塾に通えず、参考書も買ってもらえない……などの形で現れます（西田、2010）。近年ではこうした相対的貧困の概念が重要視されるよ

うになり、世界各国の貧困率を求める際にも、相対的貧困が基準として用いられています。

　絶対的貧困の概念で貧困を捉えようとしたとき、教員が学校でそうした子どもに出会うことはほとんどないかもしれません。しかし、貧困を相対的貧困、つまり他の多くの子どもたちができている生活ができない状態にあるという捉え方をしたとき、より多くの子どもたちの裏に隠された貧困に気づくことができます。

(2) 貧困を「経済的な"貧"によってさまざまな"困"が生まれる」ものとして見る

　貧困は、経済的な貧しさ（"貧"の部分）のみを指す言葉だけではありません。貧困については、経済的な貧しさによって困りごと（"困"の部分）が生まれること、そしてその困りごとは多岐にわたること、の2点を念頭に置く必要があります。

　保護者の貧困によって現れる子どもの困りごとは、経済的な貧しさによって衣服や学習用品などの「モノ」が購入できないといった問題に限りません。保護者の貧困は、子どものさまざまな困りごとにつながります。

　図表Ⅰ-3-2にあるように、まず保護者の経済的な貧しさは、保護者のさまざまな困りごとと結びつきます。衣食住において「人並みの普通の生活」ができないだけではなく、健康状態が悪くなったり、趣味の活動や旅行などの文化的な経験ができなくなったりします。また、経済的な貧しさを少しでも解消するために、非正規雇用の仕事をかけもちしたりすることで、時間的・精神的な余裕が失われたり、社会の人々とのつながりから孤立していったりします。そうしたなかで、子育て上の不安を1人で抱え込んだり、自己評価が低くなっていってしまったりします。相対的貧困の状態にある全ての保護者が上記の全ての困りごとを抱えているわけではありませんが、これらの困りごとを複数抱えている保護者も少なくありません。

　このように、保護者が抱えうる困りごとが多岐にわたるため、子どもが抱えうる困りごとも多岐にわたります。そして、これらの子どもの困りごとは、最終的に将来の経済的な貧しさへとつながりうるものです。保護者の"貧"が保護者のさまざまな"困"へ、さらには子どものさまざまな"困"を通して将来の"貧"へというふうに、保護者の"貧"と"困"は子どもの"貧"と"困"へと連鎖し

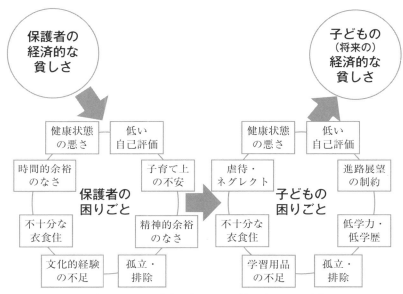

図表 I -3-2　保護者の貧困と子どもの貧困の関連性
出典：小西（2009）p. 11 の図を一部参考にして、筆者が作成。

ていきます。

　子どもたちの多岐にわたる困りごとの背景に、保護者の経済的な貧しさやさまざまな困りごとがあること。子どものさまざまな困りごとに対してそうした見方を取り入れたとき、教員には貧困がより多くの子どもたちを困らせている問題であること、そして子どもたちの困りごとの根本にある見逃せない問題であることに気づくことができます。

2.　学級担任ができる対応

　こうした貧困の 2 つの捉え方をふまえたとき、学校で教員にできる対応として、具体的にはどのようなことがあるでしょうか。以下では、学級担任ができる対応と、管理職（校長・副校長・教頭）ができる対応の 2 つに分けて考えていきたいと思います。

　学級担任は、毎日子どもたちに接する中で、子どもたちの困りごとにいち早く

気づき、即座に対応することができます。

　たとえば、すでに多くの教員が行っていることとして、学校に持ってくるべき学習用品（文房具や上履き、体操服、エプロン、リコーダー、鍵盤ハーモニカなど）を持ってこられない子どもがクラスにいるときに、事前に貸し出し用の学習用品を準備しておき、貸し出せるようにしておくという対応があります。家庭で学習用品が揃えられない子どもたちは、学校で学習用品が借りられることで、他の子どもたちと同じように学習のスタートラインに立つことができます。

　もちろん、教員が対応できることは学習用品の問題に限りません。他にも、子どもたちのさまざまな困りごとに合わせて、授業についていけなくなった子どもに対して個別に補習をする、休み時間や放課後に積極的に声をかけて子どもが悩みを相談できるような存在になる、自分に自信が持てない子どもに部活動や行事、係活動などで活躍する場面を与えるなど、さまざまな対応ができます。

　中学校や高校では、進路展望の制約という点にも気を配る必要があります。貧困世帯に育つ子どもたちの中には、家庭が社会のさまざまな人とのつながりから孤立していて、「将来こうなりたい」「こんなふうに働きたい」と思えるような大人と出会えない子どももいます。また、自身や保護者が複数の困りごとを抱える中で、無力感を抱き、自らが生きる意味を見出せなくなってしまう子どももいます（柏木、2017）。そうした中で教員は、キャリア教育などの場面で、ロールモデルとなりうるさまざまな大人・職業人と出会う機会を数多く設けることで、子どもたちが「将来こうなりたい」「こんなふうに働きたい」という進路展望を発見するための手助けをすることができます。また、貧困世帯に育つ子どもたちの中には、家庭の経済的な状況に配慮し、進学をあきらめて就職を選ぶ子どもたちも少なくありません。教員は、進路指導の中でそうした子どもたちに給付型・貸与型の奨学金などを紹介し、進学が不可能ではないことを伝えることもできます。

　こうした子どもの困りごとへの対応については、学級担任はその背景にある家庭の貧困ということに気づいていなくても、すでに日々行っていることかもしれません。しかし、こうした子どもの困りごとから、その背景にある保護者の貧困に気づくと、さらに以下の2つの対応が可能になります。

　第一に、学級担任は保護者の貧困に気づくことで、子どもの困りごとの原因や背景を、子どもの発達や心理の側面以外から多角的に検討できるようになります。たとえば、授業についていけなくなっている子どもに対して、教員がまず背

景として疑うのは、学習障害をはじめとした発達障害かもしれません。しかし、その背景に保護者の貧困があることに気づけば、筆箱の中に文房具が揃っていない、保護者が子どもの勉強について関心がない、家庭が落ち着かず宿題に取り組めるような環境にないなど、子どもたちが学校や家庭で学習に十分に取り組むことができないさまざまな原因が見えてきます。こうした原因は、発達障害という問題の捉え方からでは気づくことができないものです。

　第二に、保護者の経済的な貧しさや困りごとに直接アプローチできる学校外の関係機関に、子どもや保護者をつなぐきっかけを作ることができます。学級担任は、子どもの困りごとには対応できても、多くの場合、保護者の経済的な問題や困りごとには直接対応することができません。そのため、子どもの困りごとの背景にある家庭の貧困に気づいた際には、まずは管理職をはじめとした他の教職員に伝えることが肝心です。その後、管理職が中心となり、スクールソーシャルワーカー（SSW）などを介しながら学校外の関係機関と連携し、保護者の貧困の問題にアプローチしていくことになります。

3.　管理職ができる対応

　管理職は、子どもと保護者を取り巻く支援の輪（図表Ⅰ-3-3）を広げる重要なキーマンです。管理職は、SSW に子どもと保護者への支援ネットワークの構築を依頼することで、学校内の教職員の支援体制を作るとともに、子どもと保護者に専門的な支援を行う学校外の関係機関を増やすことができます。こうした学校外の関係機関との連携によって、子どもや保護者は、福祉的支援や医療的支援、居場所の提供、子どもの一時保護や家庭の継続的な見守りなどの、学校からは得られない支援を受けることができます。なお、SSW への依頼が難しい場合には、管理職が自ら学校外の関係機関と連携を取り、子どもと保護者への支援の輪を広げていくこともあります。

　また、学校内での教職員への研修による啓発活動も、管理職だからこそできる対応だといえます。こうした研修が必要なのは、貧困世帯に育つ子どもが多く在籍する学校だけではありません。経済的に豊かな家庭の子どもが多い学校でも、貧困世帯に育つ子どもが周りの子どもたちの雰囲気にうまくなじめなかったりする可能性があるため、教職員への研修が必要になってきます。

図表Ⅰ-3-3　子どもと保護者を取り巻く支援の輪

［引用・参考文献］

・林 明子（2016）「公立小中学校における児童・生徒支援に関する調査報告」東京学芸大学パッケージ型支援プロジェクト『附属学校と協働した教員養成系大学による「経済的に困難な家庭状況にある児童・生徒」へのパッケージ型支援に関する調査研究プロジェクト　平成27年度報告書』pp. 173-209

・柏木智子（2017）「子どもの貧困・不利・困難の実態と理論的背景」柏木智子・仲田康一編著『子どもの貧困・不利・困難を越える学校』学事出版、pp. 10-26

・小西祐馬（2009）「子どもの貧困を定義する」子どもの貧困白書編集委員会編『子どもの貧困白書』明石書店、pp. 10-11

・松川誠一（2017）「学校教員の『貧困』に対する認識―小学校教員へのインタビュー調査の結果から」東京学芸大学パッケージ型支援プロジェクト『附属学校と協働した教員養成系・大学による「経済的に困難な家庭状況にある児童・生徒」へのパッケージ型支援に関する調査研究プロジェクト　平成28年度報告書』pp. 23-32

・盛満弥生（2011）「学校における貧困の表れとその不可視化」『教育社会学研究』第88集、pp. 273-294

・西田芳正（2010）「貧しい家庭で生まれ育つ子どもの存在から見えてくるもの―貧困と教育」若槻 健・西田芳正編『教育社会学への招待』大阪大学出版会、pp. 180-197

第2節　養護教諭から見る子どもの貧困

竹鼻ゆかり

1.　はじめに

　養護教諭は、児童生徒の健康の保持増進に関する職務を行う教育職員であり、子どもに対し健康観察や健康相談を行いながら、その心身の異変にいち早く気づき、適時適切な対応を行っています。そのため、貧困状態にある子どもについてもその姿に気づきやすい立場にあります。しかし、学校保健の領域において貧困と健康との関連からの検討は少なく、各々の養護教諭が個別に対応にあたっている状況にあります。今後は養護教諭をはじめとし教員が子どもの心身の健康との関連から貧困を考える必要があります。

　本節では、インタビュー結果[1]をもとに養護教諭が捉えた貧困状態にある子どもの姿から、学校で教員が子どもの貧困に気付く視点とその支援について述べます。

2.　養護教諭から見た貧困状態にある子どもの姿

　従来、貧困状態にある子どもは、心身両面において多くの健康課題があることが指摘されています[2]。我々が行った養護教諭のインタビュー[1]からは、養護教諭が子どもの貧困に気づく観点や子どもの姿を、《生活の状況》《健康状態》《心理社会面》という3つのコアカテゴリーから捉えました。

　分析結果を基に貧困状態にある子どもの姿を説明します。

（1）生活の状況

　《生活の状況》は、日常や学校生活において衣食住等、生活に必要な基本的なものが揃わない状況です。4つのカテゴリー【必要なものが揃わない】【清潔が保たれない】【十分な食事がない】【学校生活への支障】に分けて説明します（図表 I -3-4）。

　【必要なものが揃わない】は、日常や学校生活において必要なものが揃わない状況を示します。たとえば、いつも同じ洋服であったり、サイズの合わない洋服や靴を身につけたりしている、靴下や下着を着ていない、体育着や学用品等が揃わない、中学進学にあたり制服やカバンが買えず準備ができない、給食費や集金の未払いがある、提出物が出ない等、学業に必要なモノが揃わない状況です。【清潔が保たれない】は衣服や身体の不衛生な状況です。黒ずんだ衣服やべたべたした頭髪でいる、入浴しない、服を着替えない、歯を磨かない等のからだの汚れ、家で親がたばこを吸っているため子どもにたばこの臭いや体臭する、家の中がゴミやもので埋まっていて汚い等、子どもは不衛生な生活環境の中にいます。【十

図表 I -3-4　養護教諭から見た貧困状況にある子どもの姿[1]　《生活の状況》

カテゴリー	サブカテゴリー
必要なものが揃わない	いつも同じ、もしくはサイズの合わない洋服や靴 靴下や下着を着ていない 日用品や、学用品、入学用品がない 提出物が出ない 給食費や集金の未払い 中学進学の準備が出来ない
清潔が保たれない	衣服やからだの汚れ たばこの臭いや体臭 家の汚さ
十分な食事がない	朝食欠食や日常的な空腹感 給食の食べ方 バランスの悪い食事
学校生活への支障	文化的な生活が少ない 生活リズムが乱れる 学力が低い 家事手伝いの負担がある 弟、妹の面倒をみるため学校を休む 行事に出なくなる 不登校になる

分な食事がない】は、質、量ともに満たされない食事の状況です。朝食を食べない、常に空腹感がある、貪るような給食の食べ方をする、バランスの悪い食事等、子どもの食生活の乏しさを示します。【学校生活への支障】では、夏休みにどこにも出かけず家にいる等文化的な生活が少ない、母親の夜の仕事に合わせるため、朝起きられず朝食も食べない等の生活リズムが乱れる、学力が低い、家事手伝いをしなくてはならなかったり、弟、妹の面倒をみなければならなかったりするため学校を休む、中学の制服が買えない、かばんが買えないために不登校になる等、多様な学業への支障があります。

　このように日常や学校生活において衣食住等、生活に必要な基本的なものが揃わない状態は、学業への支障を招くとともに、集団から子どもが孤立するきっかけとなり、ひいては学校生活から子どもが排除されることを意味します。そこで教員は、貧困状況にある子どもは集団から排除される可能性があるということを認識し対応にあたる必要があります。

（2）健康状態

　《健康状態》は、う歯や頭じらみの多さ、痩せや肥満等健康が蝕まれた状況と、行きわたらない医療・福祉面の状況です。【健康課題】【受診状況の悪さ】【医療費支払いや手続き状況】の 3 つのカテゴリーにより説明します（図表Ⅰ-3-5）。

　【健康課題】では、う歯が多い、頭じらみがある、痩せや小柄な体格、肥満、

図表Ⅰ-3-5　養護教諭から見た貧困状況にある子どもの姿[1]　《健康状態》

カテゴリー	サブカテゴリー
健康課題	う歯が多い 頭じらみがある 痩せ・小柄 肥満 不定愁訴が多い 情報を統合して見える課題
受診状況の悪さ	健康診断の結果が悪い 受診しない 就学時健診の未受診、予防接種の未接種
医療費支払いや手続き状況	保険証がない 医療費支払いがない スポーツ振興センターの加入手続き

53

不定愁訴が多い等、貧困がもたらす多様な健康課題が見られます。【受診状況の悪さ】では、う歯、耳鼻科、眼科等、多くの健康診断の結果が悪い、けがや病気をしても受診しない、就学時健診や予防接種を受けていない等、必要な医療を受けない健康格差[3)]があります。【医療費支払いや手続き状況】に示されているように、保険証がない、医療費の支払いがない、スポーツ振興センターの加入手続き等から家庭の経済状態が分かることもあります。

　この《健康状態》は、子どもの健全な成長発達を阻むとともに将来の健康格差につながる要因ともなります。貧困状況にある子どもの健康課題の予防と早期発見、早期対応は重要であることが分かります。

（3）心理社会面

　《心理社会面》では、【感情や表現の乏しさ】【精神面の不安定さ】【対人関係の支障】の3つのカテゴリーによって、貧困状況にある子どもの心理社会的課題を示します（図表Ⅰ-3-6）。

　【感情や表現の乏しさ】は、自己主張・自己表現が少ない、将来への夢がない等、子どもが自分の感情をうまく表現できない、希望が持てない状況です。【精神面の不安定さ】は、保健室に頻回に来室する、表情が暗い、元気がない、かまって

図表Ⅰ-3-6　養護教諭から見た貧困状況にある子どもの姿[1)]　《心理社会面》

カテゴリー	サブカテゴリー
感情や表現の乏しさ	自己主張・自己表現が少ない 将来への夢がない
精神面の不安定さ	頻回に来室する 表情が暗い、元気がない かまって欲しい態度をする キレる 無気力 家の状況を嘆く 落ち着きがない
対人関係の支障	自分勝手な言動をする 孤立する いじめにつながる 作り話をする 同じ環境の子どもが集まる

欲しい態度をする、キレる、無気力、落ち着きがない等、精神的に満たされない子どもの姿です。【対人関係の支障】では、自分勝手な言動をする、上履きが臭い、ノートがない等から孤立したり、いじめられたりする、ハワイに行った等と子どもが作り話をする等、友だちとの関係性に支障が生じていることが分かります。

　貧困状態にある子どもの心理社会面として、ストレス、負い目、自己否定、精神的不安定さ、意欲の喪失、将来への夢や希望のなさ等が指摘されています[4,5]。また子どもの中には、友だちの数が少ない、不登校やいじめを経験するものが多い、学校生活を楽しんでいない、低学力傾向にある、経済状況と学力不足により進路選択の幅が限られフリーターになるものがいる、等という指摘もあります。養護教諭のインタビューからも、貧困状況にある子どもの孤独や孤立する状況が示唆されました。つまり貧困は、子どもの権利や将来性の剥奪にもつながることを念頭に置く必要があります。

　とかく教員は、学校生活に支障がないと子どもの問題に気づきにくく[6,7]、集団からの逸脱した行動や、学習についていけない学力問題等がなければ、子どもを生活の面から捉えて問題とすることは少ないと言われます。養護教諭のインタビューから得られた 3 つのコアカテゴリーは、貧困状況にある子どもを見る重要な視点といえるでしょう。

3.　教員、養護教諭が行っている子どもへの支援や配慮

　インタビューから教員、養護教諭が行っている子どもへの支援や配慮をまとめました（図表Ｉ-3-7）。教員は【生活や身の回りの支援】【心のケア】【自立に向けたアドバイス】という子どもの生活を中心とした自立を促すための直接的、具体的な支援を行っています。

　【生活や身の回りの支援】では、担任や養護教諭が生活や身の回りの手助けをさまざまな形で行うとともに、生活するうえでの具体的な手立てを子どもに教えていました。教員が汚れのひどい子どもに顔や髪を洗ってやったり、洗濯の仕方を教えたりしている場合もありました。教員の中には、お腹を空かせている子どもに食べ物を提供したり、保護者の帰宅が遅いために時間超過で子どもを預かったり、医療費を立て替えたり、学用品や衣類を貸したり与えたりしていました。

図表Ⅰ-3-7　学校、教員、養護教諭が行っている支援や配慮[1]

カテゴリー	サブカテゴリー
生活や身の回りの支援	顔や髪を洗う 洗濯をする・方法を教える 食べ物を提供する 医療費を立て替える 学用品や衣類を貸したり与えたりする 時間超過で子どもを預かる
心のケア	子どもの話をよく聞く 声をかける いじめにつながらない配慮をする スキンシップに努める 成功体験をふやす 来室しやすい雰囲気を作る
自立に向けたアドバイス	食事や買い物のアドバイス 自分のことは自分でやるアドバイス 規律を教える 助けを求めることを教える
保護者への働きかけ	保護者へ声かけする 担任から保護者に話をする
福祉との連携	福祉につなげる スクールソーシャルワーカーが関わる 記録を児童相談所に渡す
チーム支援	チームで関わる、支援会議をもつ 担任と情報交換する 孤立を防ぐ 中学校へ申し送る

このような教員の使命感に基づいた善意に拠るともいえる支援には限界があり、今後社会として考えるべき課題といえます。また養護教諭は【心のケア】として、保健室に来室しやすい雰囲気を作りながら、子どもの話をよく聞く、気になる子どもに声をかける、スキンシップに努める、子どもにスモールステップを重ねさせて成功体験をふやす等、個々の子どもに丁寧に接していました。【自立に向けたアドバイス】では、食事の用意の仕方や買い物の仕方、洗濯や入浴等、自分のことは自分でやるよう具体的なアドバイスをし、子どもが自分自身で生活できるよう教えていました。さらに養護教諭をはじめとした教員は、【保護者への働きかけ】【福祉との連携】【チーム支援】という連携協働により、さまざまな形で子どもや保護者に関わり、彼らの孤立を防いでいました。例としては、夏休みに学

校に子どもを呼んで料理を一緒にしたり、プールに来させて帰りに話をしたりして子どもの孤立を防いでいる養護教諭もいました。

【生活や身の回りの支援】【心のケア】は子どもが学校生活で困ったり辛い思いをしたりしないように支援する教員の子ども観や教育観に基づいたものといえます。また【自立に向けたアドバイス】は、貧困の連鎖を断ち切り、子どもが孤立せず自立するための将来に向けての支援として重要かつ必要な支援です。この【生活や身の回りの支援】【心のケア】【自立に向けたアドバイス】は、学校で行う教育支援として特徴付けられます。よって、彼らに自立を促す適切な支援ができるような教員の力量形成が必要となります。

4. 健康格差に発展する貧困問題を断ち切る

前述したような貧困状態にある子どもの心身の課題は、将来の健康格差につながる可能性があります。収入の低さから生活の質の低下が生じた結果、偏りのある不十分な栄養状態や、肥満、高血圧、脂質異常症等の生活習慣病になる等、健康格差が生じます。また、受診を控える、保険料滞納のため受診できない、健診を受けない等の医療格差にもつながります。《生活の状況》《健康状態》《心理社会面》の観点は、子どもの成長発達が阻害された姿であり、貧困から生じる心身の健康課題であるともいえます。また家庭の貧困状況は、子どもを孤立させたり、社会的排除に導いたりするとともに、将来の可能性を阻んだりします。教員が貧困状況にある子どもの姿に気づくことが支援の始まりであるとすれば、《生活の状況》《健康状態》《心理社会面》で述べたような貧困状態にある子どものサインを教員がいち早く察知し、貧困という視点から子どもを見て、支援につなげ、早い時期からこの貧困の連鎖を断ち切る必要があります。

[引用・参考文献]
1) 竹鼻ゆかり・朝倉隆司・馬場幸子・伊藤秀樹（2019）「養護教諭の語りから見た子どもの貧困と教育支援」『学校保健研究』60、pp. 340-352
2) 佐藤洋一・山口英里・和田 浩ほか（2016）「貧困世帯で暮らす小中学生の健康状態と家庭の特徴—外来診療での多施設共同調査より」『日本小児科学会雑誌』120、pp. 1664-1670

3）近藤克則（2005）『健康格差社会─何が心と健康を蝕むのか』医学書院

4）阿部　彩（2014）『子どもの貧困Ⅱ─解決策を考える』岩波新書

5）山野良一（2008）『子どもの最貧国・日本─学力・心身・社会におよぶ諸影響』光文社新書

6）盛満弥生（2017）「子どもの貧困に対する学校・教師の認識と対応」（特集：子どもの貧困問題を克服する）『教育と医学』65、pp. 236-243

7）上間陽子（2009）「第3章　貧困が見えない学校」（湯浅　誠・冨樫匡孝・上間陽子他編著）『若者と貧困』明石書店、pp. 139-159

第3節　特別支援教育コーディネーターから家庭の貧困状況は見えるか

小野　學

1. 特別支援教育コーディネーターの役割

　特別支援教育コーディネーターが支援する対象は、「発達障がい」があり学習や生活面で困難を示している子どもたちの支援ばかりではありません。学力不振の子ども、不登校や引きこもりなど「非社会的行動」を示す子ども、暴力行為やいじめなど「反社会的行為」を行う子ども、さらには虐待を受けている子ども等、特別な教育的ニーズを有する全ての子どもたちへの支援の要として活動しています。

　本節では学区の状況や特別支援教育コーディネーターの力量からも貧困の見え方が大きく違うことから、いわゆる就学援助費や生活保護費受給率が高い学校に勤務し、複数の教員免許状を所持するベテラン特別支援教育コーディネーターを想定して記述しています。

　学習面や行動面で困難を示す児童の連絡があった場合、特別支援教育コーディネーターの支援はアセスメントから始まります。

　アセスメントは、①各教室での授業観察と保健室での情報収集、②子どもの持ち物の確認、③家庭からの提出書類の確認、④学校納入金の納入状況の確認、⑤本人や保護者との面談を通した情報収集、⑥他機関（スクールカウンセラー（SC）・スクールソーシャルワーカー（SSW）を含む）からの情報取集を行いますが、相対的な貧困状態にあるか否かの判断は困難を極めます。

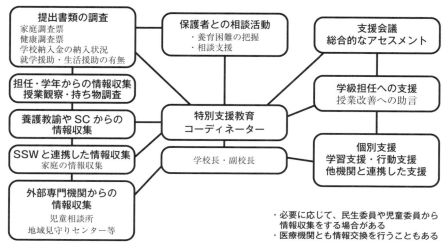

図表Ⅰ-3-8　特別支援教育コーディネーターによる情報収集

（1）各教室での授業参観や保健室での情報取集

　学校での学習や生活状況からは、家庭の貧困状態は極めて見えにくいものです。

　担任は毎朝の健康観察時にきめ細かく子どもの状態を確認しています。多くの学校では担任が「子どもの様子がいつもと違う」と感じた際には、学年主任や養護教諭等の複数の教員で状況を評価し、管理職と特別支援コーディネーターに迅速に連絡する仕組みになっています。

　養護教諭は、健康相談の中で心身の不調を確認し、子どもの気持ちに寄り添い状態を聞き取ります。その際子どもたちは、なかなか苦しい胸を言語化できないものです。彼らが語るのは「親と上手くいかない」「友人とやれない」「毎日が怖い」などの表面的な訴えです。

　さらに学校には「低学力状態」「対人交流の滞り」「多動傾向」「登校渋り」を示す子どもが多数在籍しています。なかには発達障がいを持つ子どもや精神疾患を抱える子どももいます。児童相談所に一時保護された経験を持つ子どもたちや、母親と転居を繰り返してきた子どもたちは、一般的に「落ち着きがなく、不安な様子を見せる」「ルールを無視することが多い」等の困り感を示しますが、教員から見えてくるのは現状の教育条件で苦戦している彼らの状況のみで、家庭

の貧困状態を確認することは難しい状況です。

（2）　子どもの持ち物の確認

　現在は、眼鏡も就学援助費で購入できます。生活保護受給家庭、就学援助受給家庭のほとんどの子どもたちには文房具などの学用品や体操着が用意されています。例え文房具や体操着を持参していないことがあっても、その原因が家庭の貧困状態のためとは言えず、保護者が確認を怠っている場合や本人の置き忘れ、紛失のためであることも多いようです。ごく稀ですが、子どもの意図に反して保護者が学習に必要な物を意図的に用意しない場合は、虐待（ネグレクト）を疑い、貧困かどうかを判断することなく児童相談所に通告します。一方、ほとんどの子どもが自分用のゲーム機とスマートフォンを持っており、持ち物からは子どもたちが貧困状態か否かの判断することは極めて難しい状態です。

（3）　家庭からの提出書類の確認

　学校では、①家庭調査票の記入、②保健査表の記入（保護者の緊急連絡先・社会保険の種類を含む）、③「就学援助申請のお知らせ」を新学期に学校で配布します。

　就学援助費受給希望家庭は、申込書に必要書類を添付して教育委員会の窓口に提出する仕組みです。受給が決定した後、各学年の会計担当者と養護教諭に受給対象家庭が通知され、入学支度金、学用品日、給食費、校外学習費、修学旅行費用等の支給対象内容が明らかにされます。

　生活保護費受給家庭の子どもは、福祉課の担当者から学校に受給者名簿が届き、給食費や教材費、校外学習費、卒業対策費や入学準備費の他、医療費が支給される仕組みです。

　毎年新学期には各種書類が学校に提出されますが、家庭調査票には家族氏名と保護者の緊急連絡先、緊急時引き取り人の携帯番号のみが記入されています。そのため保護者の職業も把握できません。また子どもからの情報と家庭調査票に記載された家族構成が食い違う場合も少なくありません。そのため各種書類からは「生活保護受給や就学援助受給の有無」は把握できますが家族構成すら十分に把握できないこともあります。

（4）　学校納入金の納入状況の確認

　学校納入金の未納が継続している場合は督促状を内容が分からないよう封書で子どもに持たせますが保護者からの返答は極めて少なく、しばらくして祖父母が学校に支払に来ることがほとんどです。

　本当に支払う気持ちがある保護者は、学校に連絡をしてきて分割でも支払います。その際、家庭の経済状況が厳しいとは感じますが、そのような家庭の子はしっかりと育てられていることが多く、学校で問題を起こすことは稀で、特別な支援を提供する対象とはなりません。以前は、学校が教育委員会から支給された就学援助費から教材費や給食費、校外学習費などの必要経費を差し引いて保護者に手渡していましたが「家庭に支給した援助費を学校が管理するのはおかしい」という意見が出され現在はほとんどの学校で行われていません。そのため、学校納入金の回収困難な家庭が増加しています。

　一方、生活保護を受給しながら副業で高額な収入を得ている家庭も複数ありますが、これらの家庭では、金銭管理がずさんで旅行やギャンブル、外食に多額の金額をつぎ込み、生活費の不足に追い込まれてしまうことが多いようです。

（5）　保護者との面談を通しての情報収集

　問題を抱える子どもの保護者が「定期面談」に参加したり、「臨時の面談」に応じたりすることは極めて少ないものです。

　一方、近年虐待を受ける児童が多く、身体に傷を負って登校したり、激しい叱責を受け、恐怖や不安から学習に参加できなくなる子どもが多数確認されます。このような子どもたちを発見した際には、児童相談所へ通告し、保護者にも連絡するのですが、保護者と連絡がつかないことが多く、また連絡がついても面談や家庭訪問を拒否され、話し合いの機会を設けることは極めて難しいものです。さらに面談機会が設定できても「家庭のことに口を出すな」と介入を拒否されることが少なくありません。

（6）　他機関（SC・SSW を含む）と連携した情報収集

　SC や SSW が保護者（母親が多い）との継続相談が可能な場合には「母親の被虐待経験」「離婚経験での心の傷」「夫婦不和による情緒的不安定」「不規則で厳しい就労状況」「地域での希薄な人間関係」「低学歴による就労の難しさ」等、

保護者の抱える困難要因が明らかになることがあります。相談が深まる中で、これらの困難要因と家庭の貧困状態が「多重困難」として保護者の上に重くのしかかり、保護者を追い詰め子育て意欲を削ぎ、「養育困難状態」に追い込んでいくことが明らかになってきます。

　一方、虐待を受けた児童の家庭状況は、児童相談所を介して家庭の状況を把握します。その際、保護者の「精神疾患」「アルコール過剰摂取」「複雑な家族関係」等、保護者の厳しい状況が明らかになりますが、児童相談所も家庭の経済状況を把握していることは極めて重篤な事案のみです。さらに地域見守りセンター、警察の少年相談保護センターとも情報交換を行いますが、保護者の養育態度に話題が集中することが多く、家庭の経済状態が話題になることはほとんどありません。

　激しい虐待を受けた子どもたちは、児童相談所で一定期間生活した後、家庭復帰します。家庭復帰前には、保護者も参加して学校で支援会議を開催します。その際「ギャンブル」「飲食」「旅行」等で浪費が激しい保護者には、「家族再統合」の課題の 1 つとして「生活費の管理」を学校から要請することがあります。

2.　支援会議での総合的な情報収集の必要性

　これまで述べてきたように特別支援教育コーディネーターは学校内や他機関からの情報収集にあたりますが、特別支援教育コーディネーターだけでは貧困状態にあるかどうかも含め、子どもが置かれている状況を把握することは困難です。

　一方、子どもが示す問題は、直線的な関数関係（因果関係）で成立しているわけではなく、本人の生物的要因（脳機能・神経・遺伝的な要素等）、学校や家庭の環境（学校での支援の在り方、ソーシャルサポート、経済、文化等）、心理的要因（ストレス、認知、感情等）が相互に影響し合って成立しているものです（生物 – 心理 – 社会モデル）。そのためフォーミュレーションに基づく「包括的な評価」が必要になります。フォーミュレーションとは問題がどのように成立しているかを理解していくことですが「身体疾患の有無」「精神疾患や強いストレス要因の有無」「精神機能」「学校生活への参加状況」「家庭環境や地域での生活」等を包括的に評価します。このようなアプローチの中で家庭の経済状況が把握され、子どもに愛情を持って接することが十分にできない保護者の姿がクローズ

アップされることもあります。

　また支援に際しては、インフォームドコンセントに基づき、支援が開始します。その際、支援計画（plan）→支援の実施（do）→評価（check）→改善（action）の支援サイクルに基づき支援を提供していくことになりますがその過程で予期せぬ事態が発生することもあります。そのため「支援が適切に行われ効果がみられているか」「新たなニーズが生じていないか」を評価するために定期的な支援会議（調整会議）を開催することも大切です。

第4節　スクールカウンセラーから見えてくる子どもの貧困

河　美善

1.　スクールカウンセラーの職務と子どもの貧困

　スクールカウンセラー（SC）は一般的に心理の専門家として学校で勤務する臨床心理士（公認心理士）を指します。臨床心理士（公認心理士）はスクールカウンセラーの仕事の他に、病院やクリニックの精神科医や福祉領域、大学研究所などでも働いています。目指していた分野によって多少違いはありますが、大雑把に言ってしまうと精神病理を心理療法や薬物を用いて治療する方法や、患者（クライエント）に寄り添い話をじっくり聞くカウンセリング（面接）を行うためのスキルを身に付けています。

　文部科学省では、SC の役割として以下の7つをホームページに公表しています。

　1）児童生徒に対する相談・助言
　2）保護者や教職員に対する相談（カウンセリング、コンサルテーション）
　3）校内会議等への参加
　4）教職員や児童生徒への研修や講話
　5）相談者への心理的な見立てや対応
　6）ストレスチェックやストレスマネジメント等の予防的対応
　7）事件・事故等の緊急対応における被害児童生徒の心のケア

　これらの役割から分かるように、何か事件・事故があった後の心のケアだけではなく、メンタルヘルスの面における予防的な働きかけや校内支援体制への積極的な参加も職務のうちです。また、その対象は児童生徒だけではなく、保護者や教職員も含みます。

　では、SC として、子どもの貧困の問題においてできることは何でしょうか。心理面の支援を主に行う SC は、経済的支援や生活面の支援を直接提供することは難しいので、出番がないのではないかと思われるかもしれません。しかし、貧困の問題は不登校や虐待、いじめ、発達障害や愛着障害など、複合的な課題を抱えていることが多いため、活躍できるところもあります。

　ここでは、SC として学校現場で子どもの貧困がどのような切り口から見えてくるのか、またそれについて SC 個人としてどのような支援ができるか、学校の内外でどのように連携を図っているかについて説明します。文中に挙げられる具体的な例は、複数の SC に聞き取りを行ったときに話材として出たものです。

2. スクールカウンセラーから見えてくる子どもの貧困

　経済的な貧しさは、持ち物の不足、衣服や身体の清潔度から直接目につくこともありますが、子ども本人や家庭で目立たないように努めるため、子どもと接していても感じられないこともよくあります。その場合は、最初は貧困だと気付かないまま、子どもの気になる行動や様子等から、踏み込んで関わっていくうちに貧困の状況が見えてくることがあります。SC の立場から見えている子どもたちの様子を、1 つの場面を例に挙げてみましょう。

　SC は学校にいるとき、機会がある限り各教室を見回り、子どもたちの様子を観察するようにします。SC が観察者として教室に現れると、笑顔で挨拶をしたり、無関心だったりとその反応はさまざまです。そのうち、「おや」と少し気になるのは、「あの人だれ?!」「なんでいんの?!」等と大きい声でやや攻撃的な言葉で遠ざけられるときと、抱きつくなど異常にベタベタと距離が近いときです。

　子どもの気になる言動があったときは、すぐに「ダメ」「やめなさい」とは言わず、うまく回避するか、必要ならしばらく付き合いながら、それを誘発した動機や環境についての情報を集めます。子ども本人との関わりの中で得られた情報や、普段関わりを持っている先生方の意見、友人関係を観察して得られた特徴などを総合して、考えられる原因によって対応を考えます。その過程で貧困が垣間見えてくることがあります。たとえば、攻撃的な言動やスキンシップの多さの背景には親子関係が健康的ではないことが考えられ、さらにその親子関係の背景には親自身の経済的な困難やサポートを受けられるつながりの希薄さがあります。

場合によっては、心理的虐待やネグレクトが見えてくることもあります。

3.　スクールカウンセラーが活用できる資源

（1）臨床心理学、臨床教育学、教育心理学などの知識

　授業や評価の責務がない SC は、教師とは少し違った態度で子どもたちと接するようにしています。後ろから支え、「ありのままでいいんだよ」という安心感をまず与えるように努めています。なので、問題行動があったとき、その行動をしてしまった理由や子どもが抱えているニーズについて評価が気にならない環境でじっくり聞くなどの役割を担うことができます。

　そのとき、子ども本人や必要があれば保護者の方、先生方とともに、心理療法やカウンセリングについての臨床心理学の知識、不登校やいじめ、非行、発達障害についての臨床心理学の知識、集団づくりや動機づけ、知能検査など、教育心理学の知識を生かして支援の手立てを一緒に考えることができます。

（2）校内のつながり

　SC が子どもと安心できる関係を作るといっても、一緒に過ごしている時間は教師や保護者の方が圧倒的に長いです。子どもたちとの関わりの中で困っている点があれば、相談できる相手として SC を活用することができます。また、気になる子どもを直接 SC につなぎ、カウンセリングを受けさせることや、保護者へのカウンセリングを行うこともあります。カウンセリングは単発的に行うこともあれば、必要に応じて定期的に行うこともできます。また、校内のケース会議や臨時の委員会に出席するなど、校内の支援体制の一員として動いています。

　特別な事案や特定の子どもに関する相談があるときだけではなく、普段の何気ない会話の中で子どもたちとの関わりのヒントが生まれたり、単に息抜きの意味でも有意義だったり、いざ連携が必要なときに相談しやすかったりすると思います。そのようなつながりも大切にしています。

（3）外部機関とのつながり

　SC は学校外の資源として、他機関への紹介や他機関との連携を図ることもで

きます。スクールソーシャルワーカー（SSW）と重なりますが、行政や福祉と連携して支援を考えるときもありますし、医療機関との連携を図ることもできます。学校内で手に負えないケースの場合、どのような機関が活用できるかまず相談に乗り、各機関の活用方法や連携後の動き等についての知識を持っています。

4.　スクールカウンセラーにできる子どもへの対応

（1）　個別への対応

　学用品が揃っていない子どもや、学用品は揃っていても生活が窺える持ち物、たとえばお菓子箱や牛乳パックなどが準備できない子どももいます。また、衣服や体操着、白衣が清潔かどうかの他にも、髪の毛の手入れなど容姿が気になる子どもや、給食の食べっぷりが良すぎる子どもなど、必ず全ての気になる子どもの背景に貧困があるわけではないかもしれませんが、子どもが示す困難の向こうに貧困が見えてくることがあります。

　SC が直接子どもたちにできることは、やはり心理面、感情面の支援です。学校生活を妨げる感情、たとえば、不安や焦り、劣等感などに苛まれることがないように、もしくは少しでも取り除けるように支援します。具体的には、相談室で安心できる雰囲気を作り、なんでも気楽に話せるような関係づくりに努めます。絵本や玩具を用い、言語や絵で表現することで気持ちを落ち着かせたりすることもあります。

　また、気になる子どもへの個別的な支援のみならず、必要に応じて所属しているクラスで友人関係を視野に入れて支援を行うことがあります。たとえば、給食の白衣が汚れたままの子どもを見つけたら、「昨日は忙しかったのかな」とそっとフォローし、子どもたちの間で浮いてしまうことがないように配慮することができます。その場しのぎにならないように、養護の先生と相談してきれいな白衣を貸し出せるようにすることもできるかもしれません。そのため、校内の連携は大切です。

（2）　校内の連携

　子どもに対する支援は、1 人では不十分なときが多いです。立場や役割によって、見方が異なることもあり、子どもが見せる顔が異なることもあります。それ

はどちらかが正しい、どちらかが正しくないのではなく、複数人で見てこそ、多面的に捉えられたことになります。それを基に、それぞれの立場からできる支援も異なります。

　深刻な事案のときはその子どもの支援のために緊急委員会を開き、校内で連携を図りますが、緊急時の連携がうまくいくためには日頃の関係も大切です。SCとして日常的にできることは、できるだけ校内の接点を増やすことだと考えています。SC の子どものとらえ方や支援の考え方、動き方について知っていただき、必要なときに活用していただけるようにします。困難を抱えている子どもを見つけ、早期に支援できることを目指し、連携を考えています。

（3）外部機関との連携

　地域によって異なりますが、SC は一般的に学校外での勤務は認められないことが多いです。なので、子どもたちの家庭への訪問や外部の機関に直接伺うことはできませんが、SSW と協力しながら外部の機関への連携を図るようにしています。

5.　まとめ

　SC は心理の専門家として、子どもたちが学校生活の中で感じる不安を少しでも和らげ、安心して学校に通えるようにするために努力しています。それは SC 1 人の力ではとても実現できないものであり、子どもと関わるみんなでそれぞれにできることを理解し、力を合わせないとできません。子どもの貧困を見つけるためにも、支援するためにも、職種を超えて連携することが必要です。

[引用・参考文献]

・文部科学省「スクールカウンセラーについて」 http://www.mext.go.jp/b_menu/shingi/chousa/shotou/066/gaiyou/attach/1369846.htm（参照日 2019 年 9 月 25 日）
・臨床心理士会（2016）第 7 回「臨床心理士の動向調査」報告書
・大塚義孝・滝口俊子編（1998）『臨床心理士のスクールカウンセリング 1—その沿革とコーディネーター』誠信書房
・倉光修編（1998）『臨床心理士のスクールカウンセリング 2—その活動とネットワー

ク』誠信書房
・村山正治・山本和郎編（1998）『臨床心理士のスクールカウンセリング 3―全国の活動の実際』誠信書房
・柘植雅義（2017）『連携とコンサルテーション―多様な子供を多様な人材で支援する』ぎょうせい

第5節　スクールソーシャルワーカーから
見えてくる子どもの貧困

馬場幸子

1.　スクールソーシャルワーカーとは

　文部科学省は 2008 年にスクールソーシャルワーカー（SSW）活用事業を始めました。それには、いじめや不登校、暴力行為など、児童生徒を取り巻く諸課題が複雑化・多様化して、学校がその対応に非常に苦慮していたという背景があります。学校にスクールカウンセラー（SC）が導入されて 10 年以上がたち、一定の成果は上げていたものの、限界も見えてきていました。子どもの抱える諸課題の背景に、貧困等、子ども本人へのカウンセリング、つまり心理面からのアプローチだけでは解決できない事柄が存在するからです。福祉面からのアプローチのできる専門家として SSW が求められたのです。

　当時は「教育と福祉の両面に関して、専門的な知識・技術を有するとともに、過去に教育や福祉の分野において活動経験の実績等がある者」を SSW の採用要件としていましたが（文部科学省、2008）、それでは十分な専門性が担保されないため、2016 年以降は、「社会福祉士や精神保健福祉士等の福祉に関する専門的な資格を有する者」であることが要件となっています（文部科学省、2016）。また、2017 年には、学校教育法施行規則の一部を改正する省令の中で「SSW は、学校における児童の福祉に関する支援に従事する」と規定されました。

　2014 年に定められた「子供の貧困対策に関する大綱」の中では、「学校を窓口として、貧困家庭の子どもたち等を早期の段階で生活支援や福祉制度につなげていけることができるよう、地方公共団体への SSW の配置を促進し、必要な学校において活用できる体制を構築する」と書かれています。また、大綱に基づき、2019 年度には SSW を 1 万人に増員するとの計画も示されました。このように、

学校現場での子どもの貧困への対応に、SSW の役割が重視されてきています。

2.　スクールソーシャルワーカーの動き

　SSW には、「学校配置型」や「派遣型」など活動スタイルにいくつかのパターンがあります。「学校配置型」では、SSW が特定の学校に配属され、設定された勤務日に常駐します。校内で児童生徒の様子を直接確認したり、教員との情報共有がしやすい等のメリットがあります。「派遣型」では、教育委員会や教育事務所に配置された SSW が、学校からの派遣依頼を受けて活動します。相談のあったそれぞれの学校に出向いて、教員と情報交換をしたり会議に出席するなどを行います。各自治体に数名しか SSW がいない現状で、SSW 活用のモデル校を作るのであれば「学校配置型」を採用します。しかし、全ての学校に対し、公平に SSW を活用できる機会を保障するために「派遣型」を採る自治体も少なくありません。

3.　スクールソーシャルワーカーに支援依頼が入る時

　多くの場合、「派遣型」の SSW に支援依頼が来るのは、教員が児童生徒への対応に困難を感じているときです。しかも、保護者からの協力が得にくかったり、保護者に何らかの課題があるが、教員の力で何とかできる範囲を超えていると考えている場合も少なくありません。たとえば、「不登校で保護者との連絡も十分取れず、生徒の生活状況が確認できない」「遅刻欠席が多く、保護者に注意を促しても改善されない」などです。「学校には来ているが、授業にはついてこれず、たびたび頭痛を訴え、ぜんそくもある。家の中はごみであふれかえっている」といった例もあります。
　「配置型」の場合、SSW が校内を巡回している際に、「落ち着きがない」「服装が季節に合っていない」「お弁当を 1 人で食べている」など、気になる子どもを見かけ、教員に声をかけると、「実はちょっと困っているんです」といった具合に相談を受けることがあります。
　いずれにしても、児童生徒が「貧困である」ことを直接的な理由として、学校から SSW へ支援依頼が来ることはまずありません。「貧困」は、SSW が支援する児童生徒の生活背景に存在しています。

(1) 不登校

　「不登校」は、SSWが扱うことの多い案件です。保護者が学校からの連絡を拒絶する等で、児童生徒本人の意向も確認できないまま何カ月もたってしまったというケースの場合、本人の意向も分かりませんが、保護者の生活状況や、保護者の困り感も学校では十分に把握できていないことがあります。教師からすると「厄介な親」と捉えられている場合もあるかもしれません。

　あるケースでは、学校はSSWのことを「先生に話しにくいことでも相談できる人だよ」と生徒や保護者に紹介しました。母親と接触をすることができたSSWは、その母親と関係を作りながら、支援を行っていきました。その中で、「実は、夫と別居中で離婚する予定だが、別居中の夫から生活費を受け取れていないので、お金に困っているのだ」という話が出てきました。母親によると、生徒はいつも不機嫌で、自室に閉じこもり、母親ともほとんど会話をしない状態でした。SSWが訪問時も、自室から様子をうかがっている気配はありますが、顔を見せることはありません。

　別のケースでは、SSWが家庭を訪問すると、母親と子どもは家にいましたが、夕方ですでに暗くなっているのに家の中の電灯がついていませんでした。どうしたのか尋ねると、母親は数か月前にけがをして仕事ができなくなり、貯金を切り崩して生活しなければならない状態で、光熱費を節約するために電灯はできる限り点けないようにしているのだと話しました。家の中はきれいに片付いていましたが、物が少ないな、という印象を受けました。

　不登校に限ったことではありませんが、家庭訪問をし、SSWが家の中に入って様子を見たり、保護者とじっくり話をする中で初めて「家庭の事情」が見えてくることがあります。

(2) 問題行動・情緒不安定

　授業中に騒いだり、クラスを抜け出したり、頻繁に他の生徒との間でトラブルを起こしたり、教員に反抗的な態度をとったりと、教員が対応に苦慮する生徒もいます。そのような生徒の中にも貧困が隠れている場合があります。

　ある生徒は、落ち着きがなく、いつもイライラしていて、担任に対しても、「うるせえ」「死ね」等と暴言を吐き、授業中に頻繁に教室を抜け出して校内をふらついていました。一方で、「だるい」「気分悪い」「ちょっと寝かして」と保健室

をたびたび訪れていました。進路の話になると、「俺、高校興味ないし、中学出たら働くわ」と投げやりともいえる口調で答えるばかりでした。面談に呼び出しても保護者は学校に来ません。生徒本人に尋ねても、「いや、別に。ほっといてくれていいから」といった反応。困った教員がSSWに支援を要請しました。SSWが支援を続けていく中で、母親が精神疾患で調子が悪く、父親は母親の調子によって仕事を休んだり、早退したりしているうちに、会社から解雇されてしまい、現在仕事は不定期のアルバイトのような状況になっていることが分かりました。そのような状態で、生徒は家で十分な食事もとれていませんでした。高校に進学するお金がないから、高校はあきらめようと思っていたのかもしれません。

（3）衛生・健康問題

　ある児童は、遅刻欠席が多く、学習が遅れています。担任はそれ以上に、その児童の衛生・健康面が気になっていました。いつも汚れた服を着ており、ぜんそくがあります。肥満でもあり、保護者にしっかり体調管理をしてもらいたいのですが、連絡帳に書いても返答があったためしがありません。保護者が学校に対して特に拒否的なわけではありませんが、教員の危機感を理解してもらえていない気がして、困っていました。学校配置型でその学校に勤務しているSSWにとっても気になる児童でした。時折声をかけ、様子を見ていたところ、担任から相談を受けました。家庭の状況について、生活保護受給家庭であることは学校事務が把握していましたが、それ以上詳しいことは知りませんでした。ある日、SSWは家庭訪問をしました。母親とは関係ができており、快く家の中に入れてはくれましたが、ごみや洗濯物などで足の踏み場もない状態で、「これでは健康を害しても当然だ」と感じました。母親と一緒に家の中を少し掃除したうえで、行政の支援を得ることを母親に提案しました。そして、子ども家庭支援センター[1]と連絡を取ること、過去に子ども家庭支援センターで支援を受けていた際のことについてセンターから教えてもらうことについて母親から許可を得ました。センターの情報から、母親は中卒で、中学校では特別支援学級に在籍していたことが分かりました。祖父母が近くに住んでいますが、祖父母との関係はあまり良くないこ

1）子ども家庭支援センター：東京都区市町村における子どもと家庭に関する総合相談窓口で、他県の多くでは家庭児童相談室と呼ばれる組織にあたる機関。

とも分かりました。

4.　スクールソーシャルワーカーによる支援

　これまで述べてきたように、児童生徒が学校生活上で抱える困難の背景に貧困が隠れている場合があります。しかし単にお金がないということが問題なのではありません。貧困に至った経緯や、貧困であることから派生した問題も含めて、児童生徒に大きな影響を与えているのです。

　両親の不和や離婚は、時に子どもの心に大きな傷を与えます。先行きの見えない生活は、将来への展望を失わせます。保護者が、家計を維持したり、子どもに栄養を考慮した食事を与えたりすることができない場合、子どもの健康な心身の発達が妨げられます。文化に触れる等の知的経験も制限されてきます。

　それゆえ、SSW が支援を行う際には、単に児童生徒が「不登校である」「問題行動を起す」「不潔である」といった、支援依頼のきっかけとなった事柄にのみ焦点を当てるのではなく、また、単にその家族を金銭的支援に結びつけるだけでもなく、家族の将来を見越し、全体を捉えた支援を行っていきます。つまり、一方で、児童生徒本人への心理的サポートや学習の機会の保障、社会的スキルの向上等を意図した支援等を行いながら、もう一方では家族への支援を行います。SC や、子ども食堂、学習ボランティアの利用、また、家族の抱えている課題によって、たとえば、離婚後の生活の安定を目指し女性相談センターを活用する、精神疾患の治療のために病院を受診する、住環境を整えるために家事支援サービスを利用するなどをサポートすることが考えられます。

　このように、児童生徒とその家族の周りに支援してくれる人や機関をたくさん作り、児童生徒本人やその家族が持っている力を発揮できるように、また、生活上の困難に対処していけるように支援していくのです。

[引用・参考文献]
・文部科学省（2008）スクールソーシャルワーカー活用事業　http://www.mext.go.jp/
　b_menu/shingi/chousa/shotou/046/shiryo/attach/1376332.htm（参照日 2020 年 3 月 13 日）
・文部科学省（2016）スクールソーシャルワーカー活用事業実施要領

第6節　学校事務職員から見えてくる 子どもの貧困

風岡　治

1.　学校事務職員の職務と役割

　事務職員の職務内容については、2017年3月の学校教育法の一部改正により「事務に従事する」から「事務をつかさどる」（学校教育法第37条第14項等）へと改正されました。改正の趣旨は「教育指導面や保護者対応等により学校組織マネジメントの中核となる校長、教頭等の負担が増加するなどの状況にあって、学校におけるマネジメント機能を十分に発揮できるようにするために、学校組織における唯一の総務・財務等に通じる専門職である事務職員の職を見直すことにより、管理職や他の教職員との適切な業務の連携・分担の下、その専門性を生かして学校の事務を一定の責任をもって自己の担任事項として処理することとし、より主体的・積極的に公務運営に参画することを目指すものである」とされ、事務職員には、その専門性を生かしつつ、より広い視点に立って、副校長・教頭とともに校長を学校経営面から補佐する学校運営チームの一員として役割を果たすことが期待されています。

　事務職員の配置については、小中学校（義務教育学校の前期・後期課程並びに中等教育学校の前期課程）と高等学校とでは異なる法律で定められています。ここでは小中学校の事務職員の配置について説明します。小中学校の事務職員の定数は、公立義務教育諸学校の学級編成及び教職員の定数の標準に関する法律（以下「標準法」という）」第9条で「事務職員の数は、次に定めるところにより算定した数を合計した数とする。」としています。標準法によれば、小中学校への事務職員の定数の基本は4学級以上1名であり、3学級の小中学校においては4分の3、小学校においては27学級以上、中学校においては21学級以上であると

複数配置（2名）となっています。ただし、3学級以下の小規模な小中学校には配置されません。

　また、就学援助を受ける児童生徒が100人以上で、かつ当該学校の全校児童生徒数の25％を占める場合に1名加配されます。しかし、この就学援助加配については、就学援助を受ける児童生徒が増加している状況であるにもかかわらず、基準に該当する学校に配置がされていない実態が見られます。

　事務職員の職務については、予算、決算等の会計管理、施設・設備及び教材・物品の管理、給与・旅費の管理、支給事務、就学援助に係る事務、学校徴収金の計画・執行管理、文書の収受・発送、諸手当の認定、福利厚生に関する事務など多岐にわたりますが、地域や学校の規模、事務職員の経験年数等によって、担当する職務の範囲や比重の違いがあります。

2.　学校事務職員から見えてくる子どもの貧困

　貧困の定義は、国・地域、機関によってさまざまありますが、一般的には必要最低限の生活水準が満たされていない状態にある「絶対的貧困」と、その地域、社会で広く受け入れられている生活習慣や期待される生活様式を共有できない状態にある「相対的貧困」の2つの概念があります。子どもの貧困が見えにくいのは、「そうは見せない」という、保護者や子どもの配慮があるといえます。「子どもが仲間外れにされたくない」という保護者の配慮や、「親に心配させたくない」という子どもの配慮もあり、周りに貧困状態であることをわからないようにしていることがあります。一方、学校は個人情報保護の問題等から児童・生徒の経済状況や家庭事情についての把握がままならない状況にあり、このことが金銭面での貧困状態や保護者の離婚や再婚等による変更、住所の変更といった学籍状況を気づきにくくしていることがあります。

　事務職員は、市町村教育委員会から学校に配当される公費予算や補助金のみならず、給食費や教材購入費など保護者から集められる学校徴収金といった私費予算など学校のお金や、生活保護、就学援助、児童生徒の学籍といった情報を扱う職務から、子どもの貧困についての気づきを教師やスクールソーシャルワーカー（SSW）など他の教職員と共有します。

　必要なことは、子ども、保護者の様子を注意して観察することです。学校は子

どもたちの学習の場、生活の場であり、子どもたちはそれぞれが家庭の背景を背負って学校に来ています。学校の中でお金を扱う事務職員には、そのことを通して家庭の様子が見えます。

　また、就学援助事務を担当していることで家庭の経済的状況や保護者の悩みも見えることでしょう。

　給食費や学校徴収金事務での滞納や未納などの状況や、要保護（生活保護）、準要保護家庭の認定状況、保護者や住所の変更状況等を、教職員や市町村の担当課、社会福祉事務所、地域（民生児童委員等）と共有し協働することで、子ども、保護者を見守ります。

　また、養護教諭、栄養教諭、スクールカウンセラー（SC）、SSW 等学校における一人職との情報の共有は重要です。そうした専門職の方々は、それぞれの視点、角度から子どもを見つめています。それらの情報を共有することで、子どもに対する理解はより複眼的になることでしょう。

　事務職員は、学校にいながら、教師ではない、子どもを評価しないという行政職員の立ち位置が持つ強みを発揮し、福祉的な視点からも子どもを見つめることで、子ども、保護者の困難な状況の変化を見逃さないことが必要となります。

3.　学校事務職員にできる子どもの貧困対策

（1）就学援助制度の積極的な発信と手続きサポート

　就学援助制度は、経済的理由によって、就学困難が認められる学齢児童生徒の保護者に対して、市町村が学校給食費や学用品費等、学校での学習に必要な費用の一部を援助する制度です。就学援助の認定については、市町村によりその運用方法（認定方法）が異なるため、所得の基準や申請書類が違うことへの留意が必要となります。

　文部科学省「平成 29 年度就学援助等実施状況調査」では、「平成 28 年度要保護及び準要保護児童生徒数（就学援助対象人数）は、1,432,018 人（対前年度▲34,116 人）で 5 年連続減少。平成 28 年度就学援助率は、15.04％（対前年度▲ 0.19 ポイント）で 4 年連続減少。就学援助対象人数の主な減少要因として、「児童生徒数全体の減少」に加え、「経済状況の変化」と回答した市町村が多い。」となっています。

　また、子どもの貧困に関する指標でもある「就学援助制度の周知状況」については、「毎年度の進級時に学校で就学援助制度の書類を配付している市町村の割合 1,376／1,766 市町村 77.9％（対前年度＋2.6 ポイント）」「入学時に学校で就学援助制度の書類を配付している市町村の割合 1,331／1,766 市町村 75.4％（対前年度＋2.3 ポイント）」と、他の項目である「各学校に対して制度を書面で周知」「教育委員会のホームページに制度を掲載」「自治体の広報誌等に制度を記載」も含め、前年度に比べて全ての項目でその割合が増加しています。

　こうした市町村による就学援助制度の周知を踏まえ、年度途中での収入状況の増減や転出・転入生の保護者への対応のため、学校独自で就学援助制度の周知を図る「お知らせ」や「事務室だより」の発行、「学校ホームページ」や「SNS」への掲載、「入学説明会」での説明などさまざまな機会をとらえて、制度の周知をしている事務職員も多くいます。

　就学援助制度は本人申請が原則であるため、さまざまな理由で保護者が申請を忘れていたりできないことも考えられます。昨今では外国に籍を置く子どもの増加もあり、日本語での制度の説明や申請書類の記入がままならない保護者も増えてきています。市町村によっては外国語での説明文書や申請書類の記入例を用意しているところもありますが、まだ多くはありません。進級、入学時での周知だけではなく常日頃から繰り返し発信することや、日本語での説明や書類の記入がままならない外国籍の保護者への対応が求められます。ほかにも、入学生徒学用品費の前倒し支給や、年度途中に非該当となった保護者への救済など、保護者からの期待にどう応えるかといった課題も多くあります。

　事務職員はこれまでも事務研究会などで制度運用の改善方策の提案を行い、積極的に教育委員会に働きかけてきた事例が数多くあります。就学援助制度を機能させるための制度の運用において大きな役割を担うのは事務職員を置いて他にないでしょう。真に援助が必要な全ての子どもたちのために、制度の活用を積極的に働きかける取組を期待します。

（2）　保護者負担の軽減と学習環境づくり

　事務職員は、市町村教育委員会から学校に配当される公費予算に加え、給食費や教材購入費など保護者から集められる学校徴収金といった私費予算があります。私費負担の考えの根底にあるのが受益者負担という考え方です。憲法第26

条は「義務教育はこれを無償とする」と規定していますが、教育目標達成のために徴収する経費は受益者負担という名目で保護者が負担し、私費会計として処理されてきました。私費予算である給食費や教材購入費の負担額、修学旅行費、制服や体操服などの徴収額は、市町村によって大きな開きがあるのが実態です。

　こうした状況に対し、文部科学省は「通学用服等の学用品等の購入について、保護者等の経済的負担が過重なものとならないよう留意すること」を目的に、「学校における通学用服等の学用品等の適正な取扱いについて（通知）」（平成30年3月19日29初財務第26号）を通知し、「保護者等ができる限り安価で良質な学用品等を購入できるよう、所管の学校における取組を促すとともに、各学校における取組内容の把握に努めること」を求めました。

　これまでも事務職員による予算や施設設備、教材に関する知識を活かしての保護者負担軽減の観点からの公費と私費の負担区分の明確化や、PTA、地域と協働しての制服や体操服、文具などのリユース活動、「子どもアンケート」の実施による学習環境の改善など、保護者負担の軽減、子どもの学習を保障する取組は数多く行われています。事務職員には保護者負担を軽減する努力を続けるとともに、今後は学校に配当された公費予算や学校徴収金の使途、決算、就学援助に関する情報などを発信することで、子どもの貧困や学校予算の実態を保護者、地域と共有していくことが求められます。

4.　まとめ

　子どもの貧困対策のために事務職員ができることとして、就学援助制度の積極的な発信と手続きサポート、保護者負担の軽減と学習環境づくりから述べてきましたが、他にも、公費増額のための情報の発信と制度改善への提案、教師やSSWと協働したチーム体制の整備（学校の「窓口」として学校事務職員）、教職員一人一人の負担を軽減するための地域との協働など、貧困対策のプラットフォームとしての学校には、行政や諸機関との情報の共有、連携・協働が求められることは言うまでもありません。

　学校の組織としての対応を考えたとき、事務職員には、学校という現場における唯一の行政職員として、共有した情報を教職員や保護者、地域、外部に発信することで、子どものセーフティネットの担い手として必要な制度を整備し支援を

届け、学校と福祉行政をつなぐ役割を果たすことが期待されます。

[引用・参考文献]

・文部科学省（2018）「平成 29 年度　就学援助等実施状況調査」
・文部科学省「学校における通学用服等の学用品等の適正な取扱いについて（通知）」
（平成 30 年 3 月 19 日 29 初財務第 26 号）
・末冨芳編著（2017）『子どもの貧困対策と教育支援』明石書店
・柏木智子・仲田康一（2107）『子どもの貧困・不利・困難を越える学校』学事出版
・藤本典裕・制度研（2009）『学校から見える子どもの貧困』大月書店

第 4 章

地域と協働した
学校づくり

第1節　子どもの「特別なニーズ」と学校 ＝地域協働システム

加瀬　進

1.「特別なニーズ」と理解の枠組み

　貧困の再生産は保護者の経済的な貧しさが保護者の困りごとを引き起こし、それがさらに子どもの困りごとを引き起こすこととなり、結果として子どもの（将来の）経済的な貧しさを引き起こすというプロセスをたどります（第3章第1節）。ここでいう子どもの困りごとは本人、保護者及び教師を含む支援者が実現したい願いや、各ライフステージにおいて子どもとして保障されるべき権利が、子どもが有する個人因子と子どもを取り巻く環境因子の相互作用によって損なわれた結果と捉えることができます。つまり、子ども自身がもつ心身両面の状態（個人因子）を基盤としつつ、その子どもが現実に所属する家庭・学校・地域が用意できる「ひと・もの・こと」（環境因子）では実現できない状態が「困りごと」として立ち現れてくるのです。本節ではこれを「特別なニーズ」を有している状態と言い換えておきたいと思います。

　「特別なニーズ」は個人因子と環境因子の相互作用がうまく働けば小さくなり、ギクシャクすれば大きくもなるわけですが、このことを理解するための枠組みとして ICF と氷山モデルに言及しておきましょう。

　ICF（国際生活機能分類）とは「障害」をよりよく理解するために開発された「ICIDH（国際障害分類）」を改訂し、障害の有無にかかわらず1人ひとりのありようを捉えようとした「"生きることの全体像"を示す"共通言語"」（大川、2007）といえるものです。

　詳細は別として、その大枠は次のようです。

　1人ひとりの人間を捉える枠組みとしてその人が有している「心身機能・身体

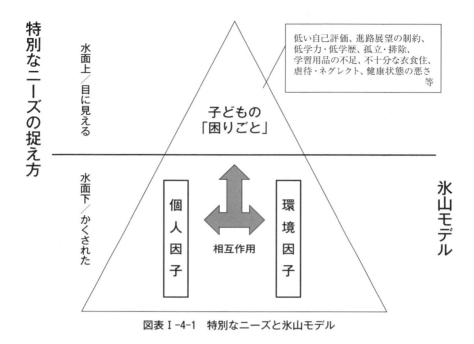

図表Ⅰ-4-1　特別なニーズと氷山モデル

構造」と、そのことをベースに行われる「活動・参加」を設定します。前者でい
えば手足の動き、視覚・聴覚、内臓、精神等の機能面や指の関節、胃・腸、皮膚
等の構造面の構成要素が詳細に整理されています。後者でいえば「注意して視る
こと」や「基本的学習」から、「対人関係」や「雇用」といったような複雑な領
域にまで至る、全ての生活・人生領域をカバーする構成要素が詳細に整理されて
います。そして「心身機能・身体構造」という個人因子のみが「活動・参加」の
程度を決めると考えるのではなく、個人因子（生活機能と障害に影響する個人的
な特徴）と環境因子（生活機能と障害に影響する物的環境や社会的環境、人々の
社会的な態度による環境の特徴がもつ促進的あるいは阻害的な影響力）の双方の
関係が影響するという考え方を基本においています。たとえば体重が数百グラム
で生まれてきた赤ちゃんの弱い「心身機能・身体構造」も高度な医療技術・医療
体制とそれを利用できる金銭的・物理的環境があれば命を救い、発達を応援する
ことができます。また、この赤ちゃんなりに元気に育った状態（心身機能・身体
活動）が、いわゆる個人因子としての“障害”という状態にあって、「公園でお

友達と一緒に遊ぶ（活動・参加）」ことを難しくしたとしても、障害のある子どものケアを専門とするスタッフの支援を得ることができる金銭的・物理的環境があれば、公園で遊ぶという「活動・参加」を充実させることができるわけです。このことを視覚化したものが前頁の氷山モデルです。氷山の喫水線は固定的なものではなく、水面上の「困りごと」は大きく（高く）もなり、小さく（低く）もなるわけです。

2.　特別なニーズと校内支援体制

　すでに指摘したように子どもの貧困に対するアプローチには、①親の貧困直接アプローチ、②影響経路遮断アプローチ、③子どものエンパワメントアプローチ、④子どもの社会資源改善・拡張アプローチという4つの類型があるわけですが（第1章第2節）、学校は何よりもまず③に取り組みます。その際に欠かせないのが「特別なニーズを見落とさない、放っておかない」校内支援体制の構築ということになります。

　ここからはA小学校が実際に創りあげた校内支援体制を参照してみましょう（小長井・加瀬、2007）。

　校内支援体制とは子どもが不公平感や孤独感を感じることなく「このクラスの一員でよかった」と実感でき、「わかった・できた・たのしいね」と思える授業を受けることができ、多様なクラスメートを受け止めることのできる学級経営を基盤とした「一丸となった学校づくり」の装置です。すなわち①「困っている子どもを発見する」スクリーニング、②個々の子どものアセスメントと支援方法の検討、③支援の実践（必要な「ひと・もの・こと」の準備と展開）、④支援の振り返り・記録・評価という一連のステージを円滑に、かつ実効性をもって展開できる「校内支援体制」の構築です。

　まず、第一段階として学校長のリーダーシップにより「全ての児童が『わかった・できた・たのしいね』と思える授業づくり」が中心的な学校経営方針であることを校内外に広報する必要があります。

　次に、全児童のスクリーニング、つまり標準化された検査による学習の遅れの把握、担任の行動観察による学習・行動面の強みと弱みの把握から「個別に配慮を要する可能性のある児童」を把握します。

　さらに、この「個別に配慮を要する可能性のある児童」1人ひとりについて個別面談を行い、保護者の理解と同意を得ながら、発達検査等を行い必要な情報収集を行って必要な児童に「個別の教育支援計画」を作成し、個別支援会議で支援プログラムを確定します。

　なお、個別支援会議にスクールカウンセラー（SC）、スクールソーシャルワーカー（SSW）をはじめとする専門職や地域の教育関係者が参加・参画できるような地域の教育体制づくりが重要です。現在進められているコミュニティ・スクールを軸とする地域学校協働には、ぜひこうした校内支援体制を組み込みたいものです。

　ところで、この小学校では以上の校内支援体制を通して、支援プログラムの対象児童を4つのグループに分類していました。理解に時間がかかる、読み違いが多い、1日の予定が理解できないといったニーズを有する児童に、通常学級をベースにした「できる支援」を行う（授業中のワンポイント指導や学年でのコース別学習など）グループ1。読み違いが多い、算数の文章題が解けない、教室で暴力や暴言があるといったニーズを有する児童に、学級担任のみならず教務主任、養護教諭、少人数指導担当者、専科教員などの校内資源を活用するグループ2。著しい学習の遅れがある、教室からの逸脱・授業妨害や反社会的行動がみられる児童に、外部の専門家を交えた「校内専門家チーム」や医療機関を含む社会資源を活用した細やかな個別指導、本人と家族に対する相談支援を実施するグループ3。そして特別支援学級で学ぶグループ4。この4つのグループに分類される子どもたちの背景に経済的な困難が横たわっていることが少なくない、というのが実情でした。

　子どもの困りごと＝特別なニーズを「見落とさない、放っておかない」体制づくりの大枠ができあがるまでには相当のエネルギーを注ぐ必要があるのも事実です。しかしながら、子どもの育ち、保護者の理解の高まり、教師の同僚性の向上が実感され始めると、「一丸となったチーム学校」に向かって加速していくことが体感されています。

3.　学校＝地域協働の原初形態

ところで、このA小学校の校内支援体制が形成される過程で浮かび上がって

きた課題があります。それは特別なニーズとして捉えることはできたが、学校では対応／用意できない「ひと・もの・こと」を必要とするニーズでした。子どもの貧困へのアプローチでいえば、④子どもの社会資源改善・拡張アプローチの必要性に気づいていったのです。

　特別なニーズをとりあえず学校において顕在化するニーズと学校外で顕在化する生活諸領域におけるニーズに分けた場合、前者は個別指導への専門的対応を含む力量ある教員や有効に活用できる教材や校内設備、カリキュラムの工夫を必要とするニーズとなりましょう。学校の教員から見ると、決して容易ではないけれども、学校の自助努力のみならず、自治体や国の文教政策いかんによって充足する道筋を見通すことが可能です。しかしながら、後者には経済、福祉、医療、労働、地域生活など多岐にわたる制度や社会資源、それらを活用するための専門的な相談支援という広大な領域が茫漠と見えるのみで、直接取り組むことなど思いもよらない、ということになるわけです。

　一方、子どもの暮らしは 1 日 24 時間、1 年 365 日、連続しています。学校はいつも子どものために力を尽くし、経済的な困難を背景にもつ子どもにとっては時に一種の救済機関となってはいるものの、学校にいる時間は決して長くはなく、どうしても部分的なものとならざるを得ません。経済的な困難は一義的には大人の問題であって、その結果として生じるさまざまな困難の中に放り込まれてしまう。それが"子どもの貧困"の実像ですから、なおのこと子どもは家庭や地域においても護られなければならないわけです。

　さて、では私たちはどうすればよいのでしょうか。ここで求められるのが学校と地域が協働して子どものニーズを充足する「チームアプローチ」とその基幹となる「センター」、そして自分事として地域の課題に取り組む住民の育成（コミュニティづくり）が一体となった学校＝地域協働システムの構築です。

　さて、このシステムに言及するに先立って、その原初形態ともいえる実践を取り上げておきたいと思います（加瀬・高橋、2019）。

　　高等部 3 年生の俊平君（仮名）は幼い頃から長期入院を余儀なくされ、家庭生活をほとんど経験できず、特別支援学校の訪問（ベッドサイド）教育を受けてきました。しかし 2 年生の終わり頃に周囲も驚くほどの回復を遂げて、当面の介護体制確保が可能であれば退院の見通しが立ってきます。病院

の担当医、看護師長、医療ソーシャルワーカーの勧めだけでなく、本人も家庭で暮らし、学校へ通う生活を強く希望したことから、春休みに自宅へ。ところが１週間もしないうちに体調を崩し、再入院。病院側の見立ては保護者による「医療的ネグレクト」……ケアを意図的に怠り、再入院させることで、自らの養育義務を放棄する……保護者、とりわけ母親に対する周囲の眼差しは「なんという困った親だ！」となったのです。

　俊平君の在籍する特別支援学校は「個別の教育支援計画」づくりに積極的に取り組んでおり、緊急度を見極めながら１人ひとりの支援会議を重視しています。学校からの働きかけに長期入院していた病院も積極的に応じ、１回目は病院へ学校の担任・養護教諭・特別支援教育コーディネーターが出向く形で、２回目も同様に病院チームと学校チームに保健所と福祉事務所のスタッフが加わる形で支援会議が持たれることになりました。

　この支援会議、並びに会議の間の学校チームと福祉事務所の地区担当ケースワーカーによる情報収集で明らかになったこと、それは母親と家族が置かれてきた厳しい環境です。夫とは別居状態、俊平君の弟２人にみられる父親からの虐待の可能性、母親自身の抑鬱症状、こうした事態の長期間にわたる蓄積による家族全体の引きこもり……。第３回目の支援会議には退院後に俊平君を引き継ぐ予定の病院スタッフ、児童相談所の児童福祉司も加わり、①訪問看護とホームヘルパーを入れる方向で母親に働きかける、②入院していた病院と通院予定病院の連携強化と移行、③寄宿舎利用から家庭生活へというステップの導入、④俊平君の卒業後の生活支援の検討、⑤きょうだいの生活実態調査、という「協働」の具体的戦略が立てられました。こうした経過の中で、いつしか母親に対する周囲の眼差しは「とっても困っている親御さんなんだ！」に変わっていったのです。

　３回目の支援会議から３ヶ月後、支援会議に集まったメンバーからの報告は①困難な状況にある家族という理解が進んだことで母親が関係機関に相談しやすくなった、②訪問看護ステーションから看護師が週１日入り、保健所の定期的訪問も重なったことで俊平君自身の病気への対応、健康意識が高まった、③児童相談所の調査によりきょうだいの実態把握ができ、支援方針が立てられた、④福祉事務所がヘルパー派遣を実施し、母親の身体的・精神的安定が図られ、家族全体の生活意欲が高まった、というものです。これま

での経過を踏まえた関わりを重視することで学校生活も安定し、高校生活の最後、数か月ではありましたが、俊平君は家庭で暮らし学校に通うという形の「もう 1 つの高校生活」を実現したのです。

　この事例は、学校と医療機関、福祉機関の担い手が協力し合い、「学校へ通う高校生生活をしたい」というニーズが阻まれている状態を克服する可能性を十二分に示してくれています。しかしながら、そこに関わった個人の情熱に支えられた取組で、いわゆる「たまたま熱心な学校の先生、お医者さん、福祉関係者に出会えたからできた稀な事例」でもあります。だからこそ「システム」づくりをしなくてはならないのですが、そこには次のような時代状況を読み込む必要もありそうです。

4.　学校＝地域協働システムをめぐる時代状況

　近年、厚生労働省は「『我が事・丸ごと』の地域づくり」や「地域共生社会」をキーワードとする政策を進めています。その基本認識は「一億総活躍社会づくりが進められる中、福祉分野においても、『支え手側』と『受け手側』に分かれるのではなく、地域のあらゆる住民が役割を持ち、支え合いながら、自分らしく活躍できる地域コミュニティを育成し、公的な福祉サービスと協働して助け合いながら暮らすことのできる『地域共生社会』を実現する必要がある」というものです。文面からすると、厳しい家庭環境におかれている子どもを護ることができる地域力を強めよう、という提唱に聞こえます。しかしながらそれは、地域の弱体化を言い表していると捉えるべきなのではないでしょうか。さまざまな対立を生む事態も自分事として受け止め、無視したり、他人事のように行政批判に終始するのではなく、主体的に解決しようというコミュニティづくりがますます遠のいていることの裏返しです。「子どもの貧困対策推進法」が施行され（2014 年）、内閣府が「子どもの未来応援国民運動」を展開するのも、こうした日本の社会、日本の地域社会それ自体の貧困がその背景にあります。

　子どもの特別なニーズの顕在化と対応のプラットフォームである学校も、子どもにとって最も身近な環境因子である家庭も、○○市△△町というリアルな「地域」の中にあります。各地域の強み、弱みは実に多様ですが、学校＝地域協働シ

ステムを構想するにあたり、次の諸点に留意する必要性が分かってきています
（入江、2019）。

　まず第一に「自由な放課後」が失われる中で、これまで遊び、宿題対応、対話
等を通して深められてきた教師と子ども、教師同士のつながりも弱くなり、子ど
もたちの関係づくり、失敗体験を含めた学びの積み重ねが難しくなってきてい
る、という点です。システムは問題としての「特別なニーズ」の解決を図る装置
であると同時に、関係性や協働性を再構築する文脈の中に置かれなくてはなりま
せん。PTAを入り口とする地域の人材育成の弱体化、保護者のつながりの弱さ
や個人情報保護という壁もこの点に関わってくる大きな課題です。

　第二に塾をはじめとする民間活用の放課後格差が広がる中で、家庭環境の厳し
い児童が定期的に通える居場所は限られている、といった具体的な問題解決に向
けたチームアプローチが、ともすると単なる分業に陥りかねないという点です。
たとえば担任、コーディネーターの役割を果たす教員、SCやSSWの連携が地
域の福祉機関と情報共有というかたちで広がる組織化が進められている一方で、
学校と一体となって教育を作り上げようとするコミュニティ・スクール委員や地
域教育関係者との連携・情報共有は限定的になっている、というようにです。

5.　学校＝地域協働システムの基本設計・現状・課題

　さて、以上を踏まえて学校＝地域協働システムを考えてみましょう。実は筆者
の理解からすると、高齢者福祉領域の「地域包括支援センター」や障碍者福祉領
域の「障碍者総合相談支援センター」は対象や年齢層が限定的であるため学校が
前面には出てこないものの、学校＝地域協働システムと共通の基本設計の上に設
置されているといえます。ここでいう基本設計とは次のような〈ホストセン
ター〉構想です（加瀬・高橋、2019）。

　子どもとその家族は、そもそも教育・福祉・医療・労働等のうち、特定の
分野のみで生きているわけではない。地域で育ち、生きることを志向する以
上、子どものライフステージに沿って重点をおく分野を変えつつも、総合
的・統合的に暮らしを運営していく。もし、地方自治体の特性に合わせた形
で、子どもの出生段階から家族に寄り添う〈パーソナル・マネジャー〉とし

ての専門職が存在し、その専門職がコア・チームを形成しつつ、まさに必要に応じながら、一定の権限をもって教育・福祉・医療・労働等の関係者を招集し、「個別の支援計画」を策定・実施・評価できる体制があるならば、どうであろうか。そして、この〈パーソナル・マネジャー〉としての専門職が常勤・専任で所属し、「個別の支援計画」の蓄積と継承を本務とする〈ホスト・センター〉が存在し機能するならば、どうであろうか。

　この構想について、図表Ⅰ-4-2を参照しながら今少し解説します。
　学齢期を例にすれば、重点をおくべき主たる活動は「学習・体験」になります。これを実現・充実させるためには「暮らしの構成要素（住まう、食べる、学ぶ、楽しむ、健康を維持する、アクセスするなど）がどのように充足されているか、というニーズ分析を行い、「特別なニーズ」として立ち現れてくるのであれば、使える社会資源を活用してこれを充足します。そのためには俊平君の事例で取り上げたようなチームが個別支援会議を開催して、個別支援計画を作成・保管・共有・継承する必要があります。一方、必要な社会資源が不足する、そもそも無いという事態は少なくありません。その場合にはまず、各地域の社会資源がどのように、どの程度不足しているのか、コミュニティづくりの観点から新たな社会資

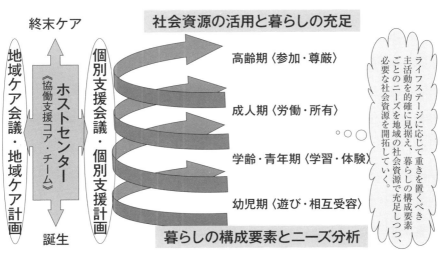

図表Ⅰ-4-2　〈ホストセンター〉構想

源として再活用できるものはないのか、といった地域アセスメントが必要になります。そしてこの地域アセスメントの結果を当事者・支援者・行政が共有し、必要に応じて各自治体の議会にかけて予算を獲得し、新しい社会資源を作り上げるというソーシャルアクションを展開することになります。

　以上の構造を考えると、学校だけ、地域のいずれかの機関や事業所等が片手間に担えるものではないことは明白です。こうした実践を主たる業務とし、その対価として得る給与等で十分に生活が成り立つ専門職員を有する〈ホストセンター〉がどうしても必要になるのです。上述した地域包括支援センターや障碍者総合相談支援センターはこうした〈ホストセンター〉構想へ向けた道程に立脚する、現時点での到達点、といえるでしょう。なお、箱モノとしての「センター」以前に、ネットワークによる「センター機能」を実現することが重要です。その意味では要保護児童対策地域協議会や生活困窮者自立支援法に基づく自立相談支援事業を核とした取組、地域アセスメントを主に行う障碍者福祉領域の自立支援協議会などもネットワーク型ホストセンターの原初的形態ということができるでしょう。

　このような学校＝地域協働システムの実現は夢物語と思われるかもしれません。しかしながらA小学校の校内支援システムは現実のものとなり、障害種別を超えて家族を丸ごと支える障碍者総合相談支援センターを実現している自治体も少なくありません。学校がよりよく機能する校内支援体制を築き、地域と協働しながら地域格差を「地域の魅力の多様性」として学び合う仕組みづくりを進め、それらを通して主体的に物事を解決しようとするコミュニティづくりに参加・参画し、子どもと保護者が「この学校の子ども、この地域の子どもでよかった」と実感できるようになったとき、子どもの貧困問題に学校と地域の協働が果たす役割と可能性がさらに拓かれていくのではないでしょうか。

［引用・参考文献］
・入江優子（2019）「学校教育、家庭教育、社会教育の関係構造に関する今日的状況―困難な・家庭状況にある子どもたちを取り巻く教育環境に着目して」教育支援協働学研究　vol. 1、pp. 4-17、日本教育支援協働学会
・加瀬　進・高橋　智（2019）『特別支援教育総論』放送大学教育振興会

・小長井香苗・加瀬　進（2007）「特別支援教育に学校全体で取り組む体制づくりに関する研究—X 市立 A 小学校における『校内支援システム』形成過程の素描」東京学芸大学紀要・総合教育科学系　第 58 集、pp. 289-270

・大川弥生（2007）『生活機能とは何か—ICF：国際生活機能分類の理解と活用』東京大学出版

・世界保健機構（2002）『ICF　国際生活機能分類—国際障害分類改訂版』中央法規（原典は 2001 年）

第2節　子どもの貧困とコミュニティ・スクールづくり

入江優子

1.　学校と地域の伝統的な関係性

　地縁的なつながりが薄れ、情報化や生活の多様化が進む今日の社会において、教職員が「地域」と聞いて想起するのはどのような姿でしょうか。

　元来、日本の学校教育制度は、学区制を基本として住民の自治的な地域形成とともに発展してきました。明治21年の市制・町村制の公布によって、江戸期には7万を超えていた町村が約5分の1にまとめられる形で近代的な地方公共団体としての新市町村が誕生し、学校はこの新市町村を基礎に設置されていきます。この過程で教育は広域の行政事務に引き継がれ、祭りなどの地域行事を担う自治組織とは分化していきますが、引き続き、生活に伴うさまざまな公共的な事務は旧来の町村を単位に「区」が設置されて担ったとされ、現代の自治会・町内会はこの「区」が時代を経たものだと言われています。単純計算ですが、1小学校区に5つ程度の町内会がある、と考えれば、今もその面影を残す地域も少なくないのではないでしょうか。そしてこの自治会・町内会を基盤に青年団、婦人会、消防団なども地縁的に組織されてきました。また、戦後には学校教育と自治的な地縁組織を直接的につなぐものとして、PTAや、学校の生活指導と連携した青少年対策の協議会などが置かれ、住民の自治機能の中核を担う公民館も学校区を単位とした設置が奨励されてきました。このように、日本の学校教育は、地縁による共同体の営みを基盤として成立してきたのです。

2.　地域社会の変容と子どもの困難の不可視化

　今日、社会の構造変化とともに、地縁組織への加入率の低下や担い手不足が深刻化する一方で、1998 年に成立した特定非営利活動促進法などを契機に NPO 法人などの組織が生まれ、教育や福祉などさまざまな分野で活躍しています。マッキーヴァーによれば、共同生活の領域である「コミュニティ」に対して、これらの機能集団は「アソシエーション」に分類され、婦人会や子ども会などの伝統的な機能集団が地縁組織と重なりを有していたのに対し、必ずしも地縁に基づかない点が特徴とも言えます。また、広井（2009）は、地域社会の変容を、共同体に一体化する個人を基に一定の「同質性」を前提とする関係性から、同地域に住んでいても 1 人ひとり違うことを前提とした「異文化としての他者」を尊重する関係性へと変化していることを述べています。こうした地縁的で全体性・同質性を前提とする地域社会から目的的で個別性・多様性を重んじるそれへの変容は、人々の自由の拡大や選択肢の多様化を導く一方で、「共助」の機能を衰退させ、未だ自由な選択権を持たない発達途上の子どもの保護機能を脆弱化させることにもつながります。かつて人々の共通の課題であった「貧困」が、一部の人々の個別の課題、見えない課題へと変化してきているのもその結果の現れの 1 つです。さらに、少子化の進行によって 18 歳未満の児童のいる世帯の割合は 1986 年から 2018 年の間に 46％から 22％まで半減しています。つまり、つながりの有り様が、地縁的で同質的な「面」から目的的で多様な「線」あるいは独立した「点」と「点」へと変化し、さらに少子化によって子どもにつながる「線」や「点」が細く疎らになる中で、困難が一層見えにくくなっている状況があるのです。

　こうした中で、学校もまた地域社会や外部から見えにくいものとなり、多くの課題を抱えがちになります。教育関係者は、伝統的に学校教育を支えてきた基盤としての地域社会がこのような急激な変容の中にあることを十分に認識し、同時に、子どもを中心にした「つながりの再編」を行っていく必要があるのです。

3.　コミュニティ・スクールの仕組みの可能性と課題

第 1 章第 2 節で触れた子どもの貧困問題への 4 つのアプローチのうち、地域社

会に大きく期待されるのは、主に子どもの社会資源改善・拡張アプローチですが、先述のような地域社会の子育て機能の脆弱化を乗り越え、学校と地域教育関係者が連携して取り組むために、今日期待されているものの1つにコミュニティ・スクールの仕組みがあります。コミュニティ・スクールとは、文部科学省によれば「学校と保護者や地域の皆さんがともに知恵を出し合い、学校運営に意見を反映させることで、一緒に協働しながら子供たちの豊かな成長を支え『地域とともにある学校づくり』を進める仕組み」です。法的には、地方教育行政の組織及び運営に関する法律第47条の6に基づき学校運営協議会を設置している学校を指します。学校運営協議会は、教育委員会が任命した地域住民、保護者、その他必要と認める者で組織され、①校長が作成する学校運営の基本方針の承認権、②学校運営に関する意見具申権、③教職員の任用に関する意見具申権の3つの機能を有しています。2017年4月の法改正により、「学校運営に必要な支援」も協議対象であることが明確化され、学校運営協議会の設置が「任意」から「努力義務化」されました。また、これまで法的位置づけの無かった「地域学校協働活動」や地域のコーディネート機能を担う「地域学校協働活動推進員」が社会教育法に位置付く改善が図られています。

　これらを契機として、これまで社会教育政策として行われてきた学校支援活動や放課後子ども教室、家庭教育支援、地域未来塾（学習習慣形成が困難な児童生徒への学習支援）などの取組をコミュニティ・スクールの仕組みに部会を設けるなどして一体的に行う事例が増えてきています。

　米国や英国では、1990年代あたりから貧困軽減や社会的包摂を目指す「フルサービス型」のコミュニティ・スクールの実践が活発化してきました。たとえば、米国で学校と協働した事業展開を牽引してきた The Children's Aid Society は、「支援の網」と称する事業モデルとして、①核となる教育プログラム（教科指導や個別指導・家庭学習支援）、②教育的・文化的なエンリッチメント・プログラム（放課後や休暇中に行われる生活を豊かにする活動全般）、③学習や発達の阻害要因を除去するサービス（一般・精神・歯科医療、ソーシャル・サービス）の3分野を、子どもを包摂する三角形に見立てたモデルとして提唱しています。また、イングランドの拡大学校では、始業前の無料朝食や、放課後の多様な文化・スポーツ活動、学習支援、心身の健康支援、保護者に対する家庭教育支援、地域住民向け学習・体験活動などが展開されています（田嶌、2016）。日本の学校は従前より養

護教諭の配置や教員による生活指導、部活動の実施などの機能が内包され、欧米よりも拡張的でしたが、米英のフルサービス型コミュニティ・スクールは、教育と子ども・家庭への行政サービスを統合し、分業による弊害を除去する点に特徴があるとされています（ハヤシザキ、2015）。

　このように、家庭の貧困などを背景とした子どもの困難・不利に対して、子どもの社会資源を拡張する役割が期待されるコミュニティ・スクールですが、筆者が困難地域でコミュニティ・スクールに取り組む A 校に対して行った聞き取り調査によれば、依然としてさまざまな課題もあることがわかってきました。

　第一に、個人情報保護を巡る課題です。現在、個人情報保護制度の影響により連絡網や地区名簿の廃止等に伴う保護者の交流の希薄化が進み、同じ学級や地区の保護者であっても子どもの姿が見えにくくなっている現状があります。また、学校運営協議会の場において個別の児童生徒の抱える課題を具体的に話し合う場面は乏しく、委員であっても、子どもが抱える困難性に気づくことが難しいこと、気になることがあった場合でも管理職に報告するに留まってしまいがちであることが明らかになりました。

　学校運営協議会委員は、特別職の地方公務員の身分を有し、法律上の守秘義務は課されませんが、教育委員会規則により守秘義務を定めることが推奨され通例となっています。つまり、委員や活動に関わる関係者に対して教育委員会規則等によって守秘義務を課すことができるのです。A 校では、学習に遅れがある子どもの補充的学習支援や小学校 1 年生の生活支援を地域人材が担う実践が行われていましたが、子どもの背景情報がもたらされることで、地域人材ならではの「掛け値ない声掛け」や褒め方の工夫などにより生かすことができるという実感が語られており、必要な情報の共有体制の工夫を図りたいものです。

　第二の課題として、教育相談や福祉サービスとの連携につながる校内支援体制とコミュニティ・スクールの仕組みが連動していないことが挙げられます。近年、多様なニーズを要する子どもたちに対する心理・福祉職も交えた校内支援体制の充実が図られていますが、たとえばスクールカウンセラー（SC）やスクールソーシャルワーカー（SSW）と地域の教育関係者の接点はなく、SSW などからつながる教育相談・福祉連携のネットワークとコミュニティ・スクールによる地域のネットワークが接続せず、専門的な相談にはつながっても日常的な支援資源は拡張していかないということがままあります。A 校では、校長の裁量によ

り、児童相談所、子ども家庭支援センター、民生・児童委員、学校で組織する会
議に、地域コーディネーターを参画させる試みや、学校運営協議会委員に主任児
童委員を加える試みがなされていましたが、情報共有の際、関係機関や民生・児
童委員よりも日常的な関わりのある地域コーディネーターの方が子どもの様子や
地域の資源をよく知っていたという状況も語られました。また他の地域では、
「家庭教育支援チーム」を置き、教員、SSW、民生委員などと連携しながら、地
域の支援員が家庭訪問型の見守り支援を行っている事例もあります。校内支援体
制とコミュニティ・スクールの仕組みの間にも接続の工夫を図りたいものです。
　第三の課題として、活用できる地域資源が学区では限られていることも多く見
られます。たとえば、子ども食堂や無料学習支援が「学区外にしかない」「月
1～2回しか開かれていない」等により定期的に通える居場所に至っていない場
合などです。
　A校とは別の事例になりますが、このような場合に、複数学区や中学校区で
「コミュニティ・スクール協議会」「○○教育ネットワーク」のような連合組織を
設け、その中に「子ども支援部会」を置き、教員、保護者、地域住民、放課後活
動の関係者、地域コーディネーター、SC・SSW、保健福祉課、教育委員会等を
メンバーとして情報共有や活動企画を担う事例もあります。これにより、学校の
ケース会議や学校運営協議会は、学校ごとに定められたメンバーで行いながら
も、その外側に、やや広域を範囲として、保護者・地域住民、教員、心理・福祉
専門職、NPO職員、行政関係者など立場の異なる関係者が、課題を「学び」な
がら「つながり」、さまざまな活動を「つくる」ことにより、学区を越えて活用
可能な資源を創造していくことが可能となるのです。

4. 子どもの多様なニーズに寄り添うコミュニティ・スクールづくりのために
―カリキュラム・マネジメントを基盤としたつながりの再編―

　こうした機能を効果的にする視点として、文部科学省は①熟議、②協働、③マ
ネジメントを挙げています。子どもや保護者の支援に関し、多様な関係者が熟議
を重ね、協働して実践し、校内体制やカリキュラムマネジメントへの反映も含め
持続可能なものとしていく視点です。3で挙げた課題の克服に通底するものは、

「子ども像」や「学校課題」の共有です。そして、これを基に学校経営と教育実践を結び付けていくことが求められます。そのため、2017 年のコミュニティ・スクールの関係規定の改正が、改訂学習指導要領の理念である「社会に開かれた教育課程」、学校の組織運営改革である「チームとしての学校」構想と連動してなされたことは大きな意味を持ちます。従来、校長の学校経営方針や学校教育目標、学年・学級経営案などの「学校経営」と、教育課程、単元計画、学習評価などの「教育実践」が必ずしも結びついていないことが指摘されてきました（天笠、2013）。改訂の新学習指導要領は、学校教育目標の設定に「学校や地域の実態に即したもの」であることを求め、教育と経営をつなぐカリキュラム・マネジメントに重点を置いています。また、「子どもの姿や地域の現状に関するデータ等に基づく教育課程編成・実施・評価・改善の PDCA サイクルの確立」を求めており、課題が集中する学校や社会経済的に不利な地域ではその実態を踏まえた教育と経営の連関が重要課題となります。

　ある中学校では、要保護、準要保護家庭や父子母子家庭など生活困難を抱える生徒数の増加、それに伴う学力、自尊感情、自己肯定感に関わる諸課題などを、当該校の「教育の根底に横たわる課題」と認識し、その共有と「学び力」の育成に焦点を当てたコミュニティ・スクールを展開しています。特徴的な実践として、校内授業づくり委員会とコミュニティ・スクールの部会が連携し、保護者や地域住民を交えた「みんなの授業研」という研修を実施しており、若手教員の授業づくりや子ども目線、素人目線を大切にした「しんどい子」がわかる授業づくり目指しています。これにより学校課題の「しんどい部分」も開くことで、地域住民が自分事として課題を捉え、熟議の深まりや地域の主体的実践の広がりにもつながっていると言います。これは、第 1 章第 2 節で述べた「ケアする学校文化」を支える「ケアする地域文化」の広がりの一例と言えるでしょう。

　また、生活体験や地域とのつながりの乏しい子どもにとって、授業を通して地域の自然や歴史、文化をはじめ多様な資源を学習していくことは、それ自体子どもの社会資源を拡張していくこととなります。そして同時に伝統的な地縁組織を担っている地域の方々と子どもたちのつながりの再構築をもたらすものでもあるのです。

　仮に、困難・不利を抱える子どもの支援を 3 段階で考えると、「地域資源を生かした授業づくり」は全ての子どもたちへのアプローチ（第一次支援）の基本と

して極めて重要です。そして、配慮を要する子どもへのアプローチ（第二次支援）や特別なニーズのある家庭・子どもへの個別支援（第三次支援）では、ニーズに応じて活動する NPO 法人や心理・福祉的な専門人材・機関との連携が重要になるでしょう。この場合でも、授業を補充したり深め・広げる学習支援や居場所づくり、食事や送迎の援助、子どもの不登校に悩む保護者同士のピアサポートなど、専門人材の助言を得ながら地域にできる実践は多々あります。こうした実践は、地域の方々の思いに支えられた自治的な資源と公的・専門的資源とのつながりをもたらすものであり、「自助」と「公助」のみに頼らざるを得なくなった家庭を支える地域の「共助」機能を再編することにつながります。

　コミュニティ・スクールの機能は、こうした校区の「子ども像」や「学校課題」の共有とカリキュラム・マネジメントを基盤とした学校経営と教育実践全体の連関を一連のサイクルとしながら、子どもを中心とした「つながり」を多様なニーズに即して再編していくことにあると言えます。そして、そこに地域人材が関わることは、学校も含め専門機関、行政機関、専門人材の縦割りになりがちな組織的機能の限界を埋め、子どもたちの日常の生活世界や人とのつながりを広げていく重要な機能となります。このように、細く、多重になった「目的的なつながり」の「線」と「地縁的なつながり」を再編し、今日的な「面」へと導くことが求められているのです。

[引用・参考文献]

・鳥越皓之（1994）『地域自治会の研究―部落会・町内会・自治会の展開過程』ミネルヴァ書房
・R. M. マッキーヴァー（2009）『コミュニティ』中　久郎・松本通晴監訳、ミネルヴァ書房
・広井良典（2009）『コミュニティを問いなおす―つながり・都市・日本社会の未来』ちくま書房
・入江優子（2019）「学校教育、家庭教育、社会教育に関する今日的状況―困難な家庭状況にある子どもたちを取り巻く教育環境に着目して」教育支援協働学研究 vol. 1.　pp. 4-17
・文部科学省コミュニティ・スクールパンフレット「コミュニティ・スクール 2018」
・ハヤシザキカズヒコ（2015）「英米のコミュニティ・スクールと社会的包摂の可能性」『教育社会学研究』96 巻、pp. 153-173

・田嶌大樹（2016）「イギリスにおける『拡大学校』の事例」松田恵示・大澤克美・
加瀬　進編『教育支援とチームアプローチ』書肆クラルテ
・天笠　茂（2013）『カリキュラムを基盤とする学校経営』ぎょうせい

第3節　子どもの「放課後」という時間

田嶌大樹

1.　はじめに

　ここでは、子どもにとっての放課後の時間について、その現代的特徴を論じながら、子どもたちのより良い育ちを支えるために学校と放課後ができる連携・協働・役割分担について考えてみたいと思います。そもそも、本書のテーマである「子どもの貧困」を「放課後」という切り口から考えようとするとき、どのような課題や可能性があるのでしょうか。

　そのことについて、まずは日本における子どもの放課後がどのように変遷してきたかを振り返ることから始めてみたいと思います。

2.　放課後の歴史的変遷

　放課後とは、子どもたちにとってどのような時間なのでしょうか。それは時代とともに変遷してきました。そもそも、「放課後」とは、「放課（学校でその日の課業が終わること）」の「後」という言葉ですので、それは明治時代以降の近代学校教育制度の成立によって登場した概念です。

　ここで深谷（2006）は、放課後という概念が登場してから現代に至るまでの放課後の子どもの生活史を「働く」「学ぶ」「遊ぶ」という類型を用いながら描いています。それによると、「働く」が中心の明治・大正期から、「遊ぶ」が中心の昭和30年代、「学ぶ」が中心になった昭和40年代、そしてその後「働く」「学ぶ」「遊ぶ」すべてが収縮し、「引きこもる」子どもが特徴として現れ始めるのが平成年代以降だといいます。

　もともと、昭和初期ごろまでは、子どもたちは生産労働の担い手としての役割
を背負わされ、放課後は家業の手伝いをする子どもたちが多く存在していまし
た。子どもたちは、そうした家業手伝いの合間をぬって地域の仲間集団と遊んで
いたのです。この時代は、地域の人間関係が強固で、放課後は地域の子育て文化
や子どもたちの仲間集団の自治に任されていました。

　そうした状況が大きく変わり、「子どもの放課後」が社会問題としてクローズ
アップされるようになるのが 1960 年代頃からです。高度経済成長に伴い多くの
人々の労働のあり方が変わり、子どもたちは労働の担い手としてではなく、自由
に活動できる時間を多く手にすることができるようになりました。その一方で都
市化、核家族化の進行、共働き家庭の増加等は、地域の人々のつながり（共同体）
を消失させ、「カギッ子（自宅の鍵を持ち親が仕事から帰るまで家の中で孤立し
て時間を過ごす子ども）」問題や、子どもの遊び場の問題が指摘されるようにな
ります。また、マスメディアの普及や物質的な豊かさの到来も相まって地域社会
の規範や伝統的な価値観から自由になり、自由奔放に振る舞う子どもたちが「現
代っ子」などと呼ばれ、青少年の健全育成問題も叫ばれるようにもなりました。

　その後 1970 年代頃になると、学習塾や習い事が子どもの放課後の過ごし方と
して一般化するようになります。急速に発展していく社会の中で、学歴信仰の風
潮や親の教育熱の高まりが背景にはありました。子どもの放課後に関連する政策
が現れ始めたのもこの頃からです。文部科学省の「留守家庭健全育成補助事業
（1966）」、厚生労働省の「都市児童健全育成事業（1976）」、といったように、日
本における放課後関連の政策は、文部科学省による教育政策と、厚生労働省によ
る福祉政策とがそれぞれに進められる形で始まり、今日まで発展してきました。

　その後 1980 年代以降は、科学技術の発展に伴う形で子どもの放課後生活がま
た大きな変容を遂げることになります。1983 年の「ファミリーコンピュータ」
や 1989 年の「ゲームボーイ」の爆発的ヒットから始まる家庭用ゲーム機、携帯
ゲーム機の急速な普及は、外遊びの減少や遊びの小集団化をもたらしました。

　また、1990 年代半ば頃からパソコンの普及とともに急速に浸透したインター
ネットは、2000 年頃から携帯電話においても使用可能になり、メールやチャッ
トといったバーチャルなコミュニケーションのありようが特に中高生年代におい
て急速に広まっていきました。その後、「iPhone」に象徴されるスマートフォン
の登場は、SNS（ソーシャル・ネットワーキング・サービス）の普及をもたらし

ました。「LINE」「Twitter」「YouTube」「Instagram」といった SNS は子どもたち
の間にも浸透し、多くの子どもたちが放課後の時間にこれらの SNS を使用して
います。

3.　放課後の現在

　こうした変遷をたどりながら今日に至る日本の子どもの放課後の特徴を考える
とすれば、「管理化」「市場化」「教育化」「バーチャル化」といったキーワードを
挙げることができます。

　たとえば、千葉県警（2012）によると、子どもが巻き込まれる事件の 7 割近く
は放課後（14 時台～17 時台）に起きているとされています。ご近所づきあいが
少なくなった現代においては、地域共同体の自治は消滅します。夫婦共働き世帯
も増え、「地域の子ども達は地域で守る」ことがしづらくなっている状況の中で、
特に保護者からは、安全管理体制の行き届いた場所を要望する声が大きくなって
います。

　図表Ⅰ-4-3 は、厚生労働省が行った「21 世紀出生児縦断調査（第 7 回）」の中
で、子どもが放課後に過ごす場所について得られた回答（複数回答可）をまとめ
たものです。「21 世紀出生児縦断調査」とは、その名の通り 21 世紀に出生した
子どもの実態及び経年変化の状況を継続的に把握することを目的として行われて
いるもので、全国の平成 13 年出生児と、平成 22 年出生児を対象に、おおよそ 1
年ごとに実施しているものです。「第 7 回」は、子どもたちが小学 1 年生の時点
で実施された調査となりますので、平成 20 年の小学 1 年生（平成 13 年出生児）
と、平成 29 年の小学 1 年生（平成 22 年出生児）の放課後過ごす場所の比較を示
す図となります。

　これを見ると、子どもたちの過ごす場所として「自宅」「友達の家」「戸外（公
園等）」といった場所が減少していることが分かります。一方、「学童保育」は増
加傾向にあります。「学童保育」は、もともと保護者となる親の就労支援の文脈
で広がりを見せてきたものであり、夫婦共働き家庭の増加に伴い、低学年の子ど
もが安全に過ごせる場所としてニーズが高まってきているといえます。このよう
なデータからも、放課後子どもがその時々によって自由に過ごすということが少
なくなってきており、大人による安全管理がなされた場所で子どもたちが放課後

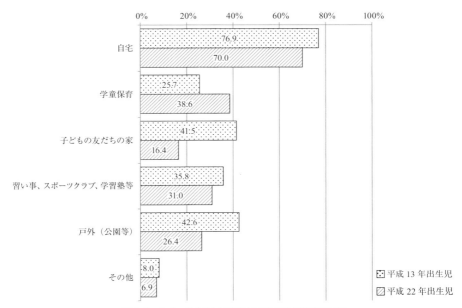

図表 I -4-3　放課後に過ごす場所の世代間比較

注　1）第 7 回調査の回答を得た者（平成 13 年出生児童数　36,785、平成 22 年
　　　出生児童数　25,397）を集計。
　　2）「放課後」とは、ふだんの下校から午後 6 時頃までの間をいう。

を過ごすようになってきていることが分かります。
　また、学習塾や習い事等の教育サービス産業が増大し、多くの子どもたちが放課後に学習塾や習い事に行くようになったことで、子どもの放課後が「市場化」「教育化」していることも指摘できます。先の「21 世紀出生児縦断調査（第 7 回）」を見ると、一時期よりは習い事やスポーツクラブ、学習塾等の利用率は減少傾向にありますが、それでも依然として多くの子どもたちがそれらの民間教育サービスを利用しています。
　「バーチャル化」については、今後ますます加速していくことが予想されます。SNS 1 つを取ってみても、子どもの利用率は増加傾向にあります。「放課後の過ごし方」として家でインターネットに接続して動画を視聴したり、スマートフォンを使用して好みの SNS に接続したりといった過ごし方は、これからますます

増えていくでしょう。

　このような放課後の「管理化」「市場化」「教育化」「バーチャル化」を「子どもの貧困」という観点で考えたとき、家庭の経済格差に起因する子どもの学習・体験・人とのつながりの機会格差の助長という問題は、今後ますます問われることになるでしょう。経済状況に比較的ゆとりのある家庭の子どもたちが習い事や学習塾に通うケースが増え、人とのつながりの中で多様な経験をする一方で、経済的に厳しい状況にある家庭の子どもたちは、そのような体験・学習の機会を自分の力で獲得することが難しくなります。

　また、予め決められたスケジュールの中で時間を過ごしたり、バーチャルなやり取りの中で共通の関心を持つもののみとのコミュニケーションが多くなるということは、地域における子ども主体の仲間づくりや地域づくりを分断させ、困ったときに助け合えるような地域の連帯を生みづらくさせる側面もあります。

　このように見ると、「子どもの放課後」は、「子どもの貧困」問題とも密接に結びついているということが分かります。もちろん、子どもの放課後の「管理化」「市場化」「教育化」や「バーチャル化」は、それ自体が悪という訳では決してありません。むしろ、こうした放課後の変化を引き受けながら、家庭の経済的状況によらず子どもたちが生き生きと放課後を過ごせる環境をどのようにつくれるのかということを模索していくことが社会全体に求められています。

4.　放課後の場の理解

　さて、それでは、このような子どもの放課後環境の変化を理解したうえで、学校の教員としてできることはどのようなことでしょうか。その1つに、子どもの育ちや学びを支えるという目標に向けて放課後の場と連携・協働していく、ということがいえると思います。ここでいう「連携・協働」とは、学校がこれまで担ってきた業務や役割に加えて何か新しい取組を行うというのではなく、むしろ放課後の場のような学校外の場の方が力を発揮しやすい機能については積極的にその価値を認め、任せたり、簡単な情報交換などによって役割分担や協力の仕方を考えたりしていこうとするということです。

　学校と放課後の場が子どもたちのためにできる連携・協働について考えるためには、まず、現代の子どもが過ごす放課後の場にはどのような場があるかを把握

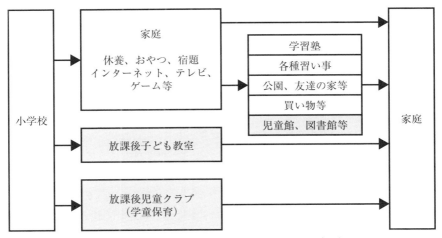

図表Ⅰ-4-4　子ども（小学生）の放課後の過ごし方

出典：全国学童保育連絡協議会（2007）『よくわかる放課後子どもプラン』
　　　p. 1、53 の図を筆者一部改変。

しておけると良いでしょう。図表Ⅰ-4-4 は、現代の小学生の放課後の過ごし方を整理したものです。

　子どもたちは、下校後、自宅に帰り、休養したり、おやつを食べたり、宿題をしたり、インターネットを使ったり、テレビを観たり、ゲームをしたり、自由な時間を過ごします。自宅には親がいる場合もあれば、いない場合もあります。そこから、学習塾やスポーツ教室、音楽教室などの各種習い事に行くこともあれば、公園や友達の家等で遊ぶ場合もあります。

　図表Ⅰ-4-4 の中で、公共政策によって実施されていて、子どもが放課後の居場所としうる場所については、薄い色がついています。図書館では本を読んだり、自習スペースで学習をしたりできます。児童館では、子どもは自由に遊んだりくつろいだりすることができます。

　放課後子ども教室や放課後児童クラブ（学童保育）は、「放課後子ども総合プラン（2019 年度からは「新・放課後子ども総合プラン」）」に基づき全国的に整備されています。放課後子ども教室は、小学校の余裕教室等を活用し、地域の方々の参画を得て、学習活動やスポーツ・文化芸術活動、地域住民との交流活動等の取組を実施することにより、さまざまな体験・交流や学習の機会を子どもた

ちに提供しながら、地域コミュニティの充実を図ることを目指して行われるものです（文部科学省、online）。基本的には小学校ごとに実施されており、自治体の予算規模や担当できる人員数に応じて、週1日から多いところでは毎日開催されています。全ての子どもが対象となっています。

　放課後児童クラブ（学童保育）は、就労等の理由により昼間家庭に保護者がいない子どもたちに、遊びや生活の場を提供するものです（厚生労働省、2015）。昼間家庭に保護者がいない子どもたちを対象としているため、基本的に学校がある日の放課後は毎日、下校から直接参加することができるようになっています。開設場所は、学校の余裕教室や学校敷地内の専用施設、近隣の児童館内に専用スペースが用意されている場合もあります。

　習い事や学習塾等の民間の教育サービスに対して、学校から働きかけて連携を図ろうとすることは難しいですが、国の施策として実施されている児童館や放課後子ども教室、放課後児童クラブは、学校が比較的連携を取りやすい事業です。これらは国の子どもの貧困対策に関する施策としても位置づけられており、家庭の経済的負担も民間の教育サービスと比較すると小さく利用できるという特徴があります。学校区の放課後子ども教室や放課後児童クラブが、どこでどのように行われているかを把握した上で、担当者とは顔の見える関係性をつくっておけるとよいでしょう。

5.　放課後の場との連携

　放課後に見せる子どもの姿は、学校とは違ったものになります。自由な活動が多く保障されるからこそ、子どもの「素の姿」がふと見えるときもあります。こうしたときに、子どものその時々の気持ちに寄り添い、個別にじっくり寄り添ってあげることができるのも、放課後の強みかもしれません。学校ではうまくいかなくても、放課後はうまくいっているように見える、そのようなことも多々あります。もちろん、その逆もあるでしょう。放課後や学校がお互いに子どもの様子を共有することで、子どもの多面的な理解が促される場合も少なくありません。このような多面的な子ども理解は、その後の子どもとの関わりにおいてもきっと生きてきます。ぜひ、できるところから情報共有を進めていきましょう。

　大切なことは、子どもにとって多様な選択肢があるということです。義務教育

図表Ⅰ-4-5　学校と放課後における教育の比較

	学校教育	放課後における教育
目的	明確	多様
内容	系統的・体系的	自由
方法	意図的・組織的	無意図的・偶発的
学習者	同年齢集団	異年齢集団

段階の子どもたちにとって、学校はまず第一に居場所となりうる重要な場所ですが、さまざまな困難や制約を抱えて、学校での生活がうまくいかないような子どもたちにとっては、例え学校を居場所とすることは難しくても、学校とは異なる意味空間として放課後の場が存在していることは非常に重要なことです。

　放課後には、学校とは違う世界が広がっています。図表Ⅰ-4-5は、教育的観点から学校と放課後の「目的」「内容」「方法」「学習者」を比較したものです。放課後には、学校教育のような明確な教育目標はありません。教育内容も、学校教育が系統的・体系的に整理されているのに対し、放課後は自由です。そのため教育方法も意図的・組織的な学校に比べ、放課後は無意図的・偶発的な方法となることが多いです。だからこそ、放課後の場は、遊びを中心とした子どもたちの自発的な活動が、より多く生まれやすい場となっています。異年齢の子どもたちが集まり、生活をするうえで子どもたちを強く拘束する規則等もなく、だからこそ、活動は非常に多様で偶発的なものが生まれます。

　学校教育が意図的・計画的に全ての子どもたちに対して等しく行われようとするものであるならば、放課後教育は、その学習の土壌となる個別・具体的な経験を子どもたちに用意することになります。学校での学習と放課後の経験がうまく往還することによって、子どもは学びを深めていくことができます。学校での学習の様子を伝えて放課後の場で学んだことを発揮してもらったり、放課後に子どもが興味を示した事柄を聞いて、学校の授業の導入に生かしたりといった工夫もできそうです。

6.　おわりに

　本節では、子どもの「放課後」について、主に教育的な観点から、その課題や

可能性を確認してきました。学校や教員にできることは、「家庭」や「地域社会」の実態やそれらが果たしている教育的機能を視野に入れながら学校内の教育活動を計画・実行していくことや、学校外の方が力を発揮しやすい機能については積極的にその価値を認め、家庭や地域社会に任せていくことなのではないでしょうか。このように考えたとき、学校教員が子どもの放課後をめぐる政策や実践について理解を深めておくことは、決して無駄なことではないように思われます。

　ただここで、1つ注意しておきたいことがあります。そもそも、放課後は教育のためにのみ存在している場ではないということです。増山（2015）は、子どもの放課後環境について国際的な状況を整理しながら、子どもにとっての放課後の場をどのように位置付けるかということに関して、「教育」「福祉」「余暇・文化」との関連において3つの潮流を見いだせるとしています。

　1つ目は、子どもの生活圏の保障の場として、主に「福祉」の問題として捉える視点です。2つ目は、学校教育の延長・補足、あるいは学校外における健全育成の機会として、主に「教育」の問題として捉える視点です。そして3つ目が、自由時間を過ごす主体としての子どもの権利を尊重し、子どもたちの「余暇・文化」の権利を保障する場として捉える視点です。

　増山（前掲書）はこのように整理したうえで、日本では放課後を「教育」「福祉」の問題として捉える視点が主流であり、「余暇・文化」の権利への視点は弱いと指摘しています。私たち大人は、どうしても大人の視点から子どもの環境づくりについても考えてしまいがちです。しかし本当は、子どもにとっての放課後は、大人たちがそうしているのと同じ様に、自らが過ごし方を決めることのできる自由と責任に満ちた時間帯です。だとすれば、どのようにすれば子どもたちが自分たち自身で放課後の過ごし方を考えていくことができるようになるのか、そしてそのために学校や放課後関係者はどのような連携ができるのか、といった発想も、これからますます重要になってくるといえます。

［引用・参考文献］

・深谷昌志他編（2006）『いま、子どもの放課後はどうなっているのか』北大路書房
・厚生労働省（2017）「21世紀出生児縦断調査（平成22年出生児）第7回」
・千葉県警察HP「子供を犯罪から守りましょう！」https://www.police.pref.chiba.jp/seisoka/safe-life_protect-child_00.html（参照日2019年12月27日）

・文部科学省 HP「放課後子ども教室推進事業」https://www.mext.go.jp/a_menu/hyouka/
　kekka/08100102/011.htm（参照日 2019 年 12 月 27 日）
・厚生労働省（2015）『放課後児童クラブ運営指針』
・全国学童保育連絡協議会（2007）『よくわかる放課後子どもプラン』ぎょうせい
・増山　均（2015）『学童保育と子どもの放課後』新日本出版社

II 応用編

第 1 章

学校教育を支える
専門的手法

第1節　子どもの多様な学習状況に応じた授業づくり

大澤克美

　ここでは、小学5年生の「総合的な学習の時間」の研究授業を取り上げ、子どもの多様な学習状況に応じた授業づくりの事例を紹介します。本事例では、事前の協議で授業者から学級と個々の学習状況を聞き、提案された学習指導案を検討する、その後、研究授業の観察と協議会を経て、修正学習指導案を作成するという取組が行われています。

1. 授業学級の学習状況と研究授業における配慮事項

（1）学級全体の学習状況（研究授業指導案より抜粋）
○前時の学習を思い出せない子どもがおよそ半数ほどいる。
○学習に取り組めない状況にある子どもが4人に1人程度、教師が繰り返し説明したり友人の支援を受けたりして活動できる子どもも4人に1人程度いる。
○グループ活動では、メンバー構成によって作業や話し合いが進まないところが出る。

（2）学級全体の学習状況に配慮した研究授業における指導の工夫や留意点（研究授業指導案より抜粋　＊図表Ⅱ-1-1参照）
　上記(1)の学習状況を考慮して、指導の工夫や留意点を検討した。
ⓐ本時の導入「前時の振り返りをもとに本時の課題を設定する」について
　事前協議で前時に個々のエコプロジェクト案を立てる段階で、「いつ、どこで、誰に対して、どんなことをやっていくのか」を明確にし、具体的に表現できるように働きかけることになった。

ⓑ当初の支援は「個々の案を互いに見せ合い、アドバイスをもらうことでよりよい
　ものにすることを意識できるようにする」となっていたが、自分の案をよりよく
　するために見直すという目的を明確にし、それを徹底するために必要な子どもに
　声かけをすることになり、「互いに見せ合いアドバイスをもらうことで見直し
　たり、よりよいものにしたりすることを確認する声をかける」と修正された。
ⓒ本時の展開「グループでプロジェクト案を紹介し合い、目的・目標・活動計画・
　発信方法の4項目ごとにアドバイス（評価）を伝え合う」について
　当初は「環境への影響」や「取り組みやすさ」を軸とした座標でプロジェクト
　案の位置を考え評価するという抽象的な活動が予定されていたが、上記の目的
　等4項目に対して①分かりやすいか、②実現しやすいか、③対象者に対する活
　動かという観点を提示して、よいと思う点（赤）や改善点（黄）を考えやすく
　し、各自の意見を赤と黄の付箋紙に記入しておき、エコプロジェクト案の該当
　箇所に貼るようにした。
ⓓ相互評価（アドバイス）を支援するため、その手がかりとなりそうな学習の足
　跡（体験的に学習した既習内容）を振り返ることができるように準備した。
☆研究授業の協議会で授業時の子どもの活動を観察すると、評価活動に取り組め
　るように4つの評価項目と3つの観点を示したことで返って戸惑う子どももい
　たことから、少なくとも3観点は外し、学習体験を生かして4項目に対する改
　善点やよさをアドバイスした方がよいという修正案が出された。

　上記のⓐ〜ⓓに加え、事前の指導案検討により当日の学習指導案に「ユニバー
サルデザインで全員に学びの保障」という配慮事項を記載しました。さらに研究
授業での子どもの様子も踏まえ、多様な学習状況に一層配慮するため、「子ども
の多様性を前提とした学習指導の工夫と配慮（案）」の項目等も考慮し、研究授
業後に学習指導案の単元等の構想部分に下記の①から③の項目等を追記すること
から、今後の学習指導の改善を図ることにしました。
　これは、授業者の子ども理解と研究授業を通して見えてきた学級全体への基本
的な配慮事項を明示することで、学ぶ力の弱い子どもが主体的に学ぶ授業設計が
期待できるからです。実践とその省察により学習指導上の課題を継続的に把握
し、次の授業や他教科の指導、次年度の授業づくりに生かしていくことは、多様
性に配慮したカリキュラムマネジメントという面からも重要でしょう。

9．本時の展開（27／70）
（1）前時までの子どもの姿
　　　・日本や世界のエコプロジェクトを知り、環境問題の現状やそれについての対策を捉えている。
　　　・自分達にできそうなエコ活動として、1人1案の「エコプロジェクト案」を考え、お互いに見合っている。
（2）目標
　　　・環境エネルギー問題を踏まえ、プロジェクト案についての意見交流を通して、お互いのプロジェクト案をよりよいものにするために見直そうとしている。

ⓐ

○主な学習活動　・予想される児童の反応	○支援　☆評価【評価方法】
○前時の振り返りをもとに本時の課題を設定する。 ・自分のエコプロジェクト案がこれでいいのかちょっぴり不安。 ・アドバイスがほしい。 ・エコプロジェクトを紹介したい。 ・おたがいに情報交換したい。	○自分のプロジェクト案をお互いに見せ合い、アドバイスをもらうことで見直したり、よりよいものにしたりすることを確認する声をかける。 ○よりよくする理由や目的を共有できるようにする。

ⓑ

おたがいのプロジェクトをよりよいものにしよう

| ○アドバイス交流の仕方を確認する。
　視点や観点を共有する。　　ⓒ

・3人1組で行う。
・自分のプロジェクト案を紹介する。
・項目ごとに評価を伝え合う。
・交流をする。
・メンバーを変えて全体で2回行う。

○グループごとにアドバイス交流をする。
　（前半と後半）
・目標をもう少し具体的にすると分かりやすいと思うよ。この言葉がわかりにくいな。
・この活動は環境によいけれど、私たちが全員で取り組むのには少し難しい気がするね。
・このプロジェクトはすぐに取り組みやすいね。でも、なかなか効果が出にくいかもしれないね。
・活動計画では1回だけでなく、何回か試してみたらいいんじゃない。
・もっと多くの人に協力してもらって情報を集めるといいと思うよ。
・発信方法を変えるとより多くの人に伝わりそうだね。

○振り返りをする。
・自分のプロジェクトはまだまだくわしくする必要があると感じた。もっと調べたい。
・取り組みやすくする工夫をもらったので活かしたい。
・友達のアドバイスにより自分のプロジェクトに自信がもてた部分もあった。 | ○アドバイスをしやすいように「ビジョン（目的）」「ゴール（目標）」「活動計画」「発信方法」の項目ごとに評価をすることを伝える。
○観点①分かりやすいか？②実現しやすいか？③対象者に対する活動か？を提示する。
○良いと思う点や改善点、「自分ならこうする」といった意見を付箋に書いて評価用のワークシートに貼るようにする。
○話し合いにスムーズに入ることができるよう、あらかじめ、お互いのプロジェクトに目を通しておき、アドバイスを付箋に記入しておく。
　（黄：改善点　赤：いいと思う点）
○プロジェクトの内容の精選やアドバイスの手助けとなるよう、探究活動1での経験や調べて共有した身近なエコ活動を振り返ることができるような学習の足跡を残しておく。
○実態に応じて、項目ごとの評価に加え、「快適さ」と「環境への影響」を同時に考慮できるワークシートも活用できるようにしておく。
○アドバイスを受ける人は、付箋をただもらうだけでなく、そのアドバイスに対する反応を示すように促す。
○交流のやりとりの模範を提示する。
○2回目の交流はワールドカフェ方式で行う。

○友達からもらったアドバイスで活かしたいことや取り入れたい工夫を中心に振り返りを書くよう声をかける。
○次の時間にはアドバイスをもとに自分のプロジェクトを見直すことを確認する。

☆環境・エネルギー問題を踏まえ、友達の意見交流からお互いのプロジェクトを見直そうとしている。
【（学向力①）発言・ワークシート】 |

ⓓ

図表Ⅱ-1-1　研究授業指導案

〈多様な子どもたちの学びを支える工夫〉（修正学習指導案より抜粋）

①焦点化

・子どもたちの不思議という思いから学習課題を創っていく。

・授業のねらいを明確にし、絞り込み、具体化する。

・学習のゴールを明示する。

②視覚化

・筋道を立てて考えを深めていけるように、写真・絵・グラフをスモールステップで提示する。

・話し合いを焦点化できるように、注目して欲しい写真等の個所をクローズアップする。

・学習の流れを板書し、学びの流れを把握させる。

・実物や具体物を活用し、音声指示を少なくする。

③共有化（話し合いの工夫）

・聞くことの大切さを徹底する（相手を見て最後まで聞くというルール、文化をつくる）

・「ペアで話す」「同じです」と答えたら「どのように同じなのかを説明させる」等、必ず自分の考えを自分の言葉で語らせる。

・話せない子はカラー紙コップを提示することで「賛成」「反対」「別の意見」があることをアピールできるようにする。意見がある場合はメモをつくってから発表させる。

・話し合いにおいて、意見を出しやすくするために視点や評価の観点を明示する。

2. 注目児の学習状況と研究授業における
　 配慮事項の再検討

（1）個々の子どもの状況（修正学習指導案より抜粋）

　学級全体の学習状況からも分かるように、この学級には配慮を要する子どもが多くいます。研究授業の実施後に授業者への聞き取りを行う中で、授業で見られたそうした子どもたちの学習状況を振り返りました。これまでの子ども理解も踏まえ、授業者が注目したいとした 14 名の子どもから、ここでは 6 名を取り上げて個々の特徴的な学習状況を示します。

○自分の考えを話すことが難しい（E児）
○授業中に注意がそれやすい（F児）
○興味がある学習内容にだけ取り組む（G児）
○自尊心が低く、パターン化された話し方でなら、話すことができる（I児）
○他者との交流、人に話すのが苦手である（J児）
○多弁であるが、ねらいからそれることが多い（N児）

（2）個々の子どもの状況に応じた指導の工夫や留意点

　授業者が特に注目し、配慮や支援が必要と判断した14名の子どもについては、改めて日常的な学習状況や研究授業で想定された必要な働きかけを検討し、座席表を作って端的に記載しました。こうした授業の振り返りで見えてきたのは、以下のような配慮事項です。
○自分の考えを話すことが難しい（E児）→考えを話す場面では、選択肢を用意しておき、E児は選ぶことで意思表示ができるようにする。
○授業中に注意がそれやすい（F児）→今取り組んでいる学習課題を記したカードを用意して、随時確認できるようにする。
○興味がある学習内容にだけ取り組む（G児）→学習の進捗状況に着目し、少しでもできたところを見つけて賞賛する。
○自尊心が低く、パターン化された話し方でなら、話すことができる（I児）→I児の話し方のパターンに合わせて発言させるようにし、できたという意識を持たせる。
○他者との交流、人に話すのが苦手である（J児）→「賛成」「反対」「別の意見」を紙コップの色で決め、それで意思表示させるようにする。
○多弁であるが、ねらいからそれることが多い（N児）→N児の発言の前に話題や目的を確認してから話をさせるようにする。

（3）多様性を前提にした1人ひとりを大切にする授業づくりの課題

　授業で気にかかる子どもは、どこの学級にもいます。そのためとかく担任は、日常的にその子に注意を向けることでよしとしてしまう場合も少なくありません。しかし、1人ひとりの学習状況が異なることを前提とするなら、まずは個々への理解を記録して確認し、具体的な配慮を継続する過程で、適時その子の状況

を考察・評価することから指導の改善を図ることが期待されます。ユニバーサルデザインの授業実践からも分かるように、気になる子どもを大切にした授業は、他の子どもたちにもわかる授業、できる授業になることが多いことに留意すべきであろうと考えます。

第2節　経済的に困難な家庭が多い公立小学校でのスタートプログラム開発

小野　學・松川誠一・舘山典子

1. スタートプログラムの意義

　年長児は、全身運動が上手になり周囲に積極的に働きかけ見通しを持って活動できるようになってきます。さらに仲間意識も芽生え、協同遊びやごっこ遊びが活発です。そして「遊び」を充実発展させる中で、周囲の自然事象や社会事象、文字や数字への関心を高めていきます。

　平成 24 年に策定された『幼児期運動指針 ガイドブック』（文部科学省）には子どもが全身を使って遊ぶことが身体的発達や精神面の発達、情緒面や認知面の発達にも強い影響を及ぼすことが述べられています。このような遊びを通して行われる学びは、具体的に周囲との関わりの中で行われる、いわば環境を通して行われる学びです。

　一方、小学校での学びは各教科に分かれ、時間割に沿ってプログラムが設定されており、子どもたちはそれに従って学ぶことが求められます。そのため、子どもたちの中には幼稚園や保育園との学び方の違いに戸惑い、登校渋りや不適応行動を示したりする子どもたちが多数見られるようになりました。このような幼稚園（保育園）と小学校の教育課程や学習方法の違いから生じる子どもの問題は「小 1 プロブレム」と呼ばれるようになりました。

　文部科学省が行った「児童生徒の問題行動・不登校生徒指導上の諸問題に関する調査」を見ると全国で平成 20 年度から平成 30 年度までの 10 年間に、小学校 1 年生の加害児童数は約 14.7 倍に増加しています。またある県の調査では、同じく平成 20 年度から平成 30 年度の 10 年間に小学校 1 年生の加害児童数は約 13 倍に、いじめ件数は 46 倍にも増加しています。このような調査結果が生じた背

景には文部科学省が「暴力行為やいじめの具体例を示したこと」が影響している
とも考えられますが、驚くべき結果と言わざるを得ません。

　このような事態に対応すべく、平成27年に国立教育政策研究所は『スタート
カリキュラムスタートブック』を出版し、幼児期の暮らしや生活を参考にして
「登校後の自由遊び」「交流・仲間づくり活動」「教科の活動」と三段階のスター
トプログラムを提案し、入学してきた子どもが安心して学校生活に適応できるよ
うに工夫することを各学校に求めました。

　さらに2020年4月からスタートする「小学校学習指導要領（平成27年公示）」
第1章総則第2の4(1)を見ると「児童が主体的に自己を発揮しながら、学びに
向かうことが可能になるようにすること」「小学校入学当初においては、幼児期
において自発的な活動として遊びを通して取り組まれてきたことが、各教科等に
おける学習に円滑に接続されるよう、生活科を中心に、合科的・関連的な指導や
弾力的な時間割の設定など、指導の工夫や指導計画の作成を行うこと」が示され
ています。さらに第2章第5節生活第3の1の(4)には、「幼稚園指導要領」に示
された幼児期の終わりまでに育ってほしい10の姿との関連を重視して「幼児期
における遊びを重視した総合的な遊びから他教科における学びに円滑に移行し、
主体的に自己を発揮しながら、より自覚的な学びに移行できるようにすること」
や「生活科を中心とした合科的・関連的な指導や弾力的な時間割の設定を行うこ
と」が示されています。つまり、これからのスタートプログラムでは「小1プロ
ブレム」に対応するだけではなく「学びを意識し、意欲的に学びに向かう子ども
たちを育成する」ことが求められているのです。

幼児期の終わりまでに育ってほしい10の姿（幼稚園指導要領）

1. 健康な心と体
2. 自立心
3. 協同性
4. 道徳性・規範意識の芽生え
5. 社会生活との関わり

6. 社会生活とのかかわり
7. 思考力の芽生え
8. 自然との関わり・生命尊重
9. 言葉による伝え合い
10. 豊かな感性と表現

2．経済的に困難な家庭が多い公立小学校での実態

　子どもは大人の愛情を受け、大人に守られて成長します。しかし、子育てに向かう大人の意欲や愛情は、自然と湧き出てくるものではありません。大人が子どもに愛情を持って接し続けるには、多くの条件がそろわなければなりません。経済的困難もその条件の1つです。大人が愛情を持って子育てができないと子どもの安心・安全を脅かすことになり、子どもたちは過度の緊張を強いられた中で成長し、発達の歪みや偏りを生じやすくなります。

　私たちが調査に入った複数の小学校では、ひとり親家庭、不安定な就労、複雑な家族構成、精神疾患に罹患している保護者も多く、10代後半で出産し育児は祖母任せにしている家庭が目立ちました。また、子どもたちの学校での生活状況の観察や担任や養護教諭へのインタビュー調査から以下のような子どもニーズがクローズアップされました（図表Ⅱ-1-2）。

図表Ⅱ-1-2　経済的に困難な家庭が多い公立小学校1年生の課題と関連する問題
（協力校での担任への聞き取り調査から）

観察される行動	予想される原因
・気力がない ・すぐ「疲れた」「やりたくない」という ・体調不良が多い ・授業中じっとしていない	・睡眠問題・食事・運動不足（低体温） ・課題レベルが高い・睡眠問題・経験不足 ・睡眠問題・食事・皮膚炎等 ・抗重力筋の緊張不足
・言葉で自分の気持ちや考えを他者に伝えることが苦手で暴力行為におよぶ子が多い	・言語発達の課題
・教師や友人の話を理解しにくい ・話し合いができない ・「ウザイ」「いやだ」「あっち行け」等の言葉が多い ・順序だてて話すことができない ・文字に興味を示さない（読むことを嫌がる）	・言語発達の課題 ・伝達意欲の減少・語彙の不足 ・対話経験不足・対人交流スキル未形成 ・読み聞かせや読書経験の不足
・バランスが悪い・転びやすい ・転んでも手をつけない	・防御反射・反応の鈍化 ・外遊びの不足

3. スタートプログラムの内容

　学校からの情報を基にして、スタートプログラムの重点を以下のように設定しました。

【スタートプログラムのねらい】
　意欲を持って学びに向かう気持ちを育てる
【内容】
(1) 生活習慣を形成する
　「早寝早起き朝ごはん」と言われ続けてきたように、基本的な生活習慣を確立することは子どもたちにとって、とても重要なことです。
　多くの養護教諭が指摘するように、食事と十分な睡眠そして運動は欠かせません。そこで、保護者に対しての広報活動を強めるとともに、子どもたちにも学級指導の際に食事や睡眠の大切さを継続して指導することが大切です。
　また、体調不良が継続したり、気力が低下している状態が継続している場合には、養護教諭による丁寧な聞き取りを実施し、子どもが見せる体調不良の陰に「虐待」等の大きな問題がないかを精査することが必要です。
　さらに入学直後から学校生活を円滑にスタートさせるために、登校時から教室での持ち物整理までのルーティンを視覚的教材を使って明示し見通しを持ちやすくする工夫をすることとしました。さらに道具箱の整理の仕方、トイレの使用方法や水飲み場の使い方、給食の準備や片付け方等も活動手順を子どもと一緒に確認したり、行動モデルを示したりして円滑に活動できるようにしました。

(2) 言葉の力をつける
　言語発達は、安定的な人間関係を基礎として子どもの伝達意欲を養育者が受け止め、文脈に沿った応答を繰り返す中で促進されていくものです。
　しかし、厳しい養育環境の中で育ってきた子どもの中には、伝達意欲が減少し語彙の獲得が遅れがちな子が少なくありません。また近年普及してきたスマートフォンやゲーム機等に長時間「子守り」をさせている保護者も少なからずいることが各学校の教育相談担当者から判明してきました。またこれらの子どもたちの

多くは、家庭内での家族間のコミュニケーションが少なく放置されるか一方的に指示されるか、または保護者の気分で家庭内の雰囲気や反応が大きく変化する緊張を強いられる環境下で育ってきたことが予想されました。

　このような安心を得られない環境下で育ってきた子どもたちの多くは「言葉を使う楽しさ」「象徴機能や言語の発達」「人と関わる楽しさ」が十分に保障されていないと考えられます。

　そこでスタートプログラムの中に「聞いて楽しい」「文字であそぶ（文字に親しむ）」「読むことを楽しむ」「仲間と関わって楽しい」等のプログラムを設定することとしました。

①聞いて楽しいプログラム（聞く力を育てる）
　ａ）やまびこさんゲーム（教員や友人の言った通り、復唱する）
　ｂ）抜けている音はどれ（音韻意識）
　　　絵カードを見せながら抜けている音を指摘する課題
　ｃ）いくつの音でできている（音韻意識）
　　　「絵カードの絵はいくつの音でできているかな」
　ｄ）紙芝居や読み聞かせ活動
　ｅ）誤文修正課題

②文字であそぶ（文字に親しむ）プログラム
　ａ）文字探しゲーム
　　　大・中・小の文字の方向を変えて書いたプリントから指示された文字を見つける　「どんな字が隠れているのかな」
　ｂ）2文字の言葉、3文字の言葉、4文字の言葉をつくろう
　　　　※教員は作った言葉の「上位概念」「用途」「特徴」を質問し、語彙の拡大を図る

③しりとり（語彙の拡大　用途と特徴　音韻意識　文字の認識）
　ａ）2文字しりとり・3文字しりとり・4文字しりとり・動物しりとり・食べものしりとり
　ｂ）学校探検しりとり（例：すべりだい→いす→すいとう→うんどうかい）

④読むことを楽しむプログラム

　a）群読を楽しむ（表情をつけてよむ　身振りをつけて読む　いろいろな行を
　　　組み合わせて読む）

　b）教室に課題文を張り出し、仲間と自由に読ませる

　c）想像して読む（仲間との話し合い　繰り返し（リフレイン）音数律を意
　　　識させる）

　d）教室ごとに課題図書を設置して、子どもが本に親しむ機会をつくる

⑤仲間とかかわって楽しいプログラム

　a）インタビューゲーム　インタビュー形式で質問する（2人一組で行う）
　　　聞く力、伝える力をつける「今○○さんは何て言っていた？」等全体に質
　　　問する

(3) 友達と一緒に活動して楽しむ

　子どもの体づくりは「さまざまな動きづくり」だけではなく、意欲を引き出す
等の「こころづくり」にも大きな影響を与えます。特に低学年児童の場合は、自
分の体を使ってさまざまな遊びを経験することで、毎日が楽しくなります。また
その中で、自分たちなりに友人とルールをつくったり、折り合いをつけること等
の社会性も養うことができます。

　そこで歩・走・跳（移動運動の発展）や生活基本動作、身体意識を高める運動、
空間認知能力を養う運動、交差運動能力や正中線交差運動能力を育てる運動、協
調動作を高める運動等の11の運動課題を取り入れた遊びを設定して活動を展開
することとしました。ここではその一例を示します。

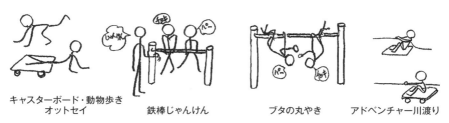

キャスターボード・動物歩き
オットセイ　　　　　　　　鉄棒じゃんけん　　　　　ブタの丸やき　　　アドベンチャー川渡り

図表Ⅱ-1-3　生活基本動作（腕の力を発揮する動きを学ぶ）の一例

4. 単元配列表を工夫する

　これまで、各教科の単元は独立していました。しかし、スタートカリキュラム
では、教科の各単元が生活科を中心に一体となり、融合し合う活動になります
（合科・関連的な指導）。
　たとえば生活科の中の遊びは体育科の指導、体験を絵に描いたりハサミで色紙
を切ったりする活動は図画工作科、言葉遊びは国語科と深い関連が出てきます。
ともすれば教科の学習は、文字や数字等の記号操作が中心で抽象的になりがちで
す。生活科の具体的な体験や学習をとおして学ぶことで、教科の学習内容も具体
性をもち実感として子どもたちの理解を高めていきます。
　以下に私たちが試行している単元配列表（図表Ⅱ-1-4）を示します。

図表Ⅱ-1-4　単元配列表の例

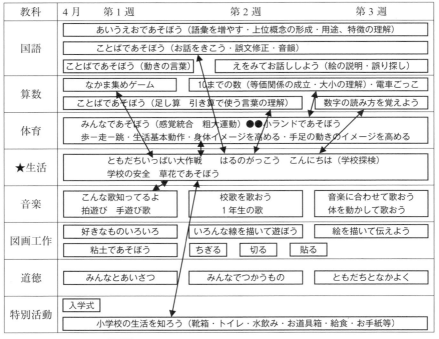

教科	4月　　第1週　　　　　　　　　　第2週　　　　　　　　　　第3週		
国語	あいうえおであそぼう（語彙を増やす・上位概念の形成・用途、特徴の理解） ことばであそぼう（お話をきこう・誤文修正・音韻） ことばであそぼう（動きの言葉）　　　えをみてお話ししよう（絵の説明・誤り探し）		
算数	なかま集めゲーム　　　10までの数（等価関係の成立・大小の理解）・電車ごっこ ことばであそぼう（足し算　引き算で使う言葉の理解）　　数字の読み方を覚えよう		
体育	みんなであそぼう（感覚統合　粗大運動）●●小ランドであそぼう 歩－走－跳・生活基本動作・身体イメージを高める・手足の動きのイメージを高める		
★生活	ともだちいっぱい大作戦　　はるのがっこう　こんにちは（学校探検） 学校の安全　草花であそぼう		
音楽	こんな歌知ってるよ 拍遊び　手遊び歌	校歌を歌おう 1年生の歌	音楽に合わせて歌おう 体を動かして歌おう
図画工作	好きなものいろいろ	いろんな線を描いて遊ぼう	絵を描いて伝えよう
	粘土であそぼう	ちぎる　　切る　　貼る	
道徳	みんなとあいさつ	みんなでつかうもの	ともだちとなかよく
特別活動	入学式 小学校の生活を知ろう（靴箱・トイレ・水飲み・お道具箱・給食・お手紙等）		

　　＊　□は単元名など、←→は単元間の連関を示す。

5.　評　価

　学校では「計画 – 実践 – 評価」という一連の活動が繰り返され、子どもの発達支援が行われています。特に評価は指導改善につながるために行うもので、指導と評価は一体となっています。さらに、評価は学習終了時だけで行うのではなく、学習活動の途中でも行い、子どもたちがどこでつまずいたのかを分析し、活動の修正につなげていかなくてはなりません（形成的評価）。さらに各活動では「ルーブリック」と呼ばれる質的な評価指針を学年で作成します。ルーブリックは、評価の段階を示すとともに、それぞれの段階で求められる認知や行動特徴の記述語から成る達成基準を明示して、子どもの達成度合いを評価します。ルーブリックを作成することを通して、教師自身が授業内容の理解を深めることができるという効果もあります。さらにルーブリック評価を、子どもたちが理解できるように分かりやすく子どもたちに提示することで、子どもが自ら目標を持ち、意欲的に学習活動に取り組みやすくなると思われます。

図表Ⅱ-1-5　生活科　ともだちいっぱい大作戦のルーブリック例

「ともだちいっぱい大作戦」（1 年 1 組のひみつ基地をつくろう）
目標：気持ちや考えの伝え合い（聞き合い）　協力　表現

段階	評価の基準
4	自分の考えを友人に伝えるとともに、友人と折り合いをつけながら、協力して活動することができる
3	自分の考えをはっきりと主張する。友人への指示もみられるが、時には協力して活動することができる
2	自分の考えを上手に表現することが難しいが、友人と一緒に活動することができる
1	自分勝手な行動が目立ち、グループで活動することが難しい

6.　大切な教師の支援

　子どもたちが意欲を持って学べるように、教師は子どもの実態を把握し、仲間と協働しなければ解決できない課題設定をするとともに、各教科のねらいを達成できるように復唱、言いかえ、要約など、リボイシングとよばれる支援を丁寧に行う必要があります。

第3節　学力の基礎を支える
読み書きの専門的支援

小池敏英・田嶌大樹・古家　眞・中　知華穂

1. はじめに

　子どもの教育達成は、家庭の経済力によって左右されるという知見が報告され（耳塚、2009）、家庭の経済力が、学力に及ぼす効果について研究が行われてきました。その中で、貧困対策の対象を、不利の重複する一部の世帯やひとり親世帯のみに限定するのではなく、低収入のリスクに直面する世帯を幅広に補足する必要があることが指摘されています。

　一方、小学生の学力未達成に対する支援の在り方が、近年、注目されてきています。

　Onda et al.（2015）は、低学年では、平仮名の流暢な読み困難に対して特殊音節表記の低成績が関与し、高学年では、言語性短期記憶の低成績が関与することを指摘しました。中村ら（2017）は漢字読み書き困難の背景要因として、漢字の部品、部首の知識の不足や言語性短期記憶の不全を指摘しました。

　本節では、はじめに、漢字の読み書き低成績と貧困要因の関係について、調査研究より得られた結果を述べます。

2. 漢字の読み書き低成績と貧困要因

はじめに調査の概要について述べます。

①調査対象
　調査は、東京都の小学校に在籍する1年生から6年生1651名を対象として行

いました。調査の実施、調査結果の発表に関しては、教育委員会、小学校長の承諾を得ました。研究の趣旨を保護者に文書で伝え、学校を通して承諾を得ました。

②調査方法

　漢字の読みテストと書きテストは、在籍学年の前学年の漢字単語16単語について実施しました。基礎スキルテストとして、平仮名の流ちょうな読みテスト（平仮名単語検索テスト）と特殊音節テスト、言語性短期記憶テスト（数唱テスト）、語彙テストを行いました。

　子どもの貧困要因については、アンケート調査を通して、貧困に関連した生活資源の強い不足に対する配慮の有無について、教員の判断を求めました。具体的には、次の8項目（「ノートなどの学用品が買ってもらえないことにより、学習指導上の配慮が必要」「忘れ物が多いなど、学習指導上の配慮が必要」「給食費などの未納、教材費の集金が提出されないなどにより、学習指導上の配慮が必要」「いつも同じ服を着ている、季節にそぐわない服を着ているなどにより、生活指導上の配慮が必要」「お風呂に入れていないなど、生活指導上の配慮が必要」「朝食をとっていないなど、生活指導上の配慮が必要」「保護者にかまってもらえないことにより、生活指導上の配慮が必要」）について調査しました。本研究では該当個数が1つ以上ある子どもを、生活資源の不足があると判断された子どもであると評価しました。本節の結果は、低収入を含めた生活資源の不足の影響を幅広く把握した場合の結果です。

③調査の結果・考察

　漢字の読み書きの低成績者（各学年で10パーセンタイル以下の成績を示した子ども）の構成比について調査をしました。全学年を含めて検討した結果（図表Ⅱ-1-6）、漢字の読みの低成績または書きの低成績を示し、いずれかの基礎スキルについても低成績を示す者は、教員により生活資源の不足が判断されたもので、有意に構成比が高いことが分かりました。

　生活資源の不足が漢字の読み書きに及ぼす影響について、低学年と高学年での違いを検討するために、多重ロジスティック分析を行いました。

　図表Ⅱ-1-7はその結果を示したものです。

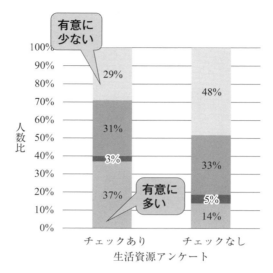

図表Ⅱ-1-6　漢字読み書き低成績パターンの構成比

・読み書き 10％は、漢字単語の読み書きが 10 パーセンタイル以下を示していま
す。読み書き 11％は、漢字単語の読み書きが 11 パーセンタイル以上を示して
います。

※ 1 年生は、特殊音節の読み書きに基づいて出しています。

・基礎 10％は、基礎スキルテストが 1 つでも 10 パーセンタイル以下であった場
合を 10％として表記しています。

・基礎 11％は、基礎スキルテストがすべて 11 パーセンタイル以上の成績であっ
た場合を 11％として表記しています。

　2・3 年生では、漢字の読みに対しては、特殊音節単語の書き、平仮名の流ちょ
うな読み、生活資源の不足が背景要因として関与していました。漢字の書きに対
しては、平仮名の流ちょうな読み、漢字の読み、語彙が背景要因として関与して
いました。4・5・6 年生では、漢字の読みに対しては、特殊音節単語の書きと生
活資源の不足は背景要因から外れました。語彙と言語性短期記憶が背景要因とし

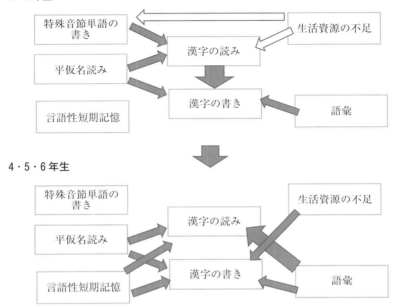

2・3年生

特殊音節単語の書き

平仮名読み

言語性短期記憶

漢字の読み

生活資源の不足

漢字の書き

語彙

4・5・6年生

特殊音節単語の書き

平仮名読み

言語性短期記憶

漢字の読み

生活資源の不足

漢字の書き

語彙

図表Ⅱ-1-7　漢字の読み・書きの低成績の背景要因

黒矢印は、有意なオッズ比を認めた項目を示します。太矢印は、オッズ比が 5 以
上であることを示し、細矢印は、5 未満であることを示します。白矢印は、有意
傾向のオッズ比を認めたことを示します。

て加わりました。漢字の書きに対しては、漢字の読みと平仮名読みは、2・3 年
生と同様、背景要因でしたが、言語性短期記憶と生活資源の不足が背景要因とし
て加わりました。

　2・3 年生では、読書等の活動を通して平仮名に慣れ親しむようになります。
平仮名の読みを習得することに弱さを持つ子どものうちで生活資源の乏しい子ど
もは、読書環境の乏しさのために、平仮名に慣れ親しむ機会が制約され、学習低
下が生じることを指摘できます。

　4・5・6 年生の漢字単語には、抽象的な漢字単語を多く含むようになります。
抽象的な漢字単語では、視覚的イメージ性が乏しくなります。言語性短期記憶の
弱い子どもは、視覚的イメージ性が乏しい単語を学習することが難しいことが知

られています。この場合には、視覚的教材を利用することで、学習低下を防ぐことが可能です。言語性短期記憶の弱い子どものうちで生活資源の乏しい子どもは、視覚的教材の利用が難しくなり、学習低下が生じることを指摘できます。

　以上の結果から、生活資源の乏しい子どもでは、読み書き困難の背景要因が、通常の生活資源を有する子どもと比べて、厳しく影響する可能性を推測できます。

3. 生活資源の不足に配慮した読み書きの専門的支援

　専門的支援は、教育環境を整える支援と読み書き支援に分けることができます。

　教育環境を整える支援では、必要な教材を整える支援とともに、大人とのコミュニケーション支援が大切です。通常の生活資源の子どもでは、家庭の大人から、子どもの努力を認めたり、励ますということがさまざまな形で行われています。生活資源の乏しい子どもでは、そのようなコミュニケーションが乏しくなる傾向が強くなります。「その子どもの習得レベルを大人が分かっていること、努力をしているということを、大人が理解している」ことを子どもが認識できるように、働きかけることが大切です。そのためには、読み書きに対するアドバイスを行い、その成果が出ていることを、子どもに伝えていくことが必要です。

　読み書き支援については、効果的なアプローチが分かってきました。代表的なアプローチの概要をまとめます（図表Ⅱ-1-8）。

[引用・参考文献]

・耳塚寛明（2009）お茶の水女子大学委託研究・補完調査について（文部科学省「全国学力・学習習得状況調査の結果を用いた追加分析結果等について」

・中村理美・中 知華穂・銘苅実土・小池敏英（2017）「小学2〜6年生における漢字書字低成績の背景要因に関する研究」特殊教育学研究、55、pp. 1-13

・Onda, S., Sato, K., Takimoto, S., Mekaru, M., Naka, C., Kumazawa, K., and Koike , T. (2015), *"Risk factors for kanji word-reading difficulty in Japanese elementary school children : Effects of the imageability of kanji words"*. Journal of Special Education Research. 3, pp. 23-34

教育環境を整える支援

・必要な教材を整える支援
・コミュニケーション支援（「その子どもの習得レベルを大人が分かっていること、努力をしているということを、大人が理解している」ことを子どもが認識できるように、働きかけることが大切）。

読み書き支援

クラスワイドの支援	個別支援
平仮名の流暢な読み支援 プリントによって、クラスワイドで単語検索課題に取り組む。 	 **フラッシュカード課題** 平仮名単語カードを作成し、順に短時間提示し、読ませる。読ませたい文章中の単語であると効果的である。 **単語完成課題** 単語の一部の仮名文字をシールで隠して、単語を完成させて読むようにさせる。 **単語検索課題** 仮名文字のリストを作成する。1分間にできるだけ多くのターゲット単語を見つけるようにさせる。
漢字の読み書き支援 プリントによって、クラスワイドで単語検索課題と単語完成課題に取り組む。  プリントによって、クラスワイドで漢字部品組み立て課題に取り組む。 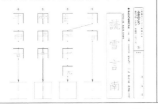	 **単語の絵カードを手がかりとする課題** 単語の絵が描いてある絵カードを見せて、命名させながら、対応する単語カードを取るよう教示する（単語のイメージ性を高めるよう指導する） **部品を組み立てて構成する課題** 漢字の部品カードを組み立てて、漢字を作るよう教示する。筆順通り、スムーズに組み立てることができた後に、書字を指導する。

図表 II-1-8　代表的な専門的支援

プリントはフリーで利用可能です（https://smileplanet.net/specialty/）。

第4節　支援につながる 深いアセスメント

小野　學

1. アセスメントの重要性

　子どもたちは、自分たちの苦しい心情を学校では「騒ぎ立て」「暴力行為」「学習不参加」「孤立」「不登校・ひきこもり」「いじめ」「非行」等に行動化して表現することが多いものです。

　このような子どもたちのニーズを支援にあたる関係者間で明確にし共有するために、アセスメントはとても重要になります。

　アセスメントとは、教育現場ではあまりなじみない言葉ですが「子どもの状態を見立てる」という意味です。

　今日、学校では発達障がいを前提としたアセスメントが主流です。その結果、子どもの示すいわゆる問題行動の原因の全てを発達障がいに求めようとする風潮も見られるようになりました。

　しかし、困難を抱えている子どもたちの行動は、家庭の状況を強く反映させていることが多いものです。特に家庭の貧困状態は保護者の養育意欲を減退させ、「養育困難状態」に追い込み、結果として虐待等子どもにさまざまな不利益を生み出しています。

　教員には、子どもの行動が本人の器質的要因だけではなく、心理的要因や家庭や地域環境等の社会的要因に大きく影響されていることを理解して子どものアセスメントをすることが求められます。

2. 生物－心理－社会モデルによる　　アセスメントの必要性

　子どもたちをアセスメントする際には、憶測に基づいた見立ては避けなければなりません。また検証が可能な多面的なデータを総合的に評価し、行動を説明できなければいけません。

　しかし、これまで学校では養育環境や、教員の関わり方等、学習環境との関連等を視野に入れたアセスメントはなかなか実施されてきませんでした。

　しかし、人の行動は器質や遺伝等の生物的要因と認知・情動・コミュニケーション等の心理的要因が養育環境、指導環境等の社会的要因から影響を受けています。子どもの問題行動も社会との相互作用の中で形成、維持されているのです。このような人の行動の見方を「生物－心理－社会モデルによる捉え方」と言います。

　学校では、教師の実践活動を通した評価として「基礎学力の評価」「対人交流の評価」「遊びの評価」「生活態度の評価」「心の有様を含む健康に関する評価」が行われています。

　また校内の専門家スタッフとしてのスクールカウンセラー（SC）により、「カウンセリングや心理分析に基づいた病態水準の評価」「知能検査等の諸検査による評価」「発達課題の有無」等の評価がされています。

　さらにスクールソーシャルワーカー（SSW）により「家庭の養育環境等の評価」「地域環境の評価」が行われ、児童相談所、子ども家庭センターと連携して、子どもの生活圏の生態学的調査（エコロジカル調査）も行われます。

　教師による一面的なアセスメントだけでは評価を誤り、適切な支援方法を見出すことはできません。行動は環境との相互作用で生じるものです。いわば広角レンズの視点を持って、多方面からのアセスメントを総合的に組み合わせることで子どもが困難な状況に陥っている原因がより明確になり、子どもの行動のより深い読み取りにつながります。

3.　より大切な家庭環境のアセスメント

（1）貧困状態にある家庭状況は学校から見ようとしてもなかなか見えないものです

　さらに、学校が家庭に介入しようとした場合、保護者の強い抵抗にあうこともしばしばです。しかし、家庭が貧困状態等「養育困難状態」にあると推察される保護者の場合は、保護者に寄り添い保護者がこれまで歩いてきた（または歩かざるをえなかった）足跡をたどりながら、丁寧に相談活動を継続することが求められています。

　その際に重要な役割を担うのが SC や SSW といった、校内の専門家です。

　SC や SSW が家庭に介入し保護者と信頼関係を築き、丁寧な対応をすることで初めて「保護者のさまざまな疾患」が明らかになったり「保護者の被虐待経験」がクローズアップされたりすることが少なくありません。

　また保護者の中には、就学援助や生活保護の制度を知らなかったり、受給方法が煩雑だとして受給申請をしないまま、厳しい生活に甘んじている家庭もあります。

　さらに地域社会から孤立している家庭の実態も明らかになり、家族を支援の糸口が見えてくるものです。

　子どもは安心の中で育ち、主たる養育者を「安全の基地」として自分の心に内在させ、自分の力で周囲を調べる活動を保護者によって強化されて獲得していきます。子どもの「学び」を保障するためにも保護者の養育態度も含めた総合的なアセスメントを行い適切な支援を提供することが大切となります。

（2）家庭介入の難しさ

　保護者と面談して情報を聞き取ることが重要なのですが、その際２つの課題があります。

　１つは、なかなか保護者が面談に応じてくれないということです。経済的に余裕がないご家庭では、保護者が長時間の労働に従事している場合もあり、面談に応じたいのだけれど応じてくれないケースや特に理由はないものの「学校の求めには一切応じたくない」と頑なに面談を拒否する家庭も少なくありません。

　2つ目は、事前に子どもから得た情報と保護者の情報が大きく食い違うことです。たとえば、子どもの情報から冷淡で愛情が感じられない母親というイメージの母親が、実は面談してみると受容的で子ども想いの母親であったり、逆に子どもからは「お母さんはとてもやさしいお母さんです」という情報を得ていても母親と面談してみると、冷淡な感じで子どもへの愛情が伝わってこず、子どもを強くコントロールしているのではないかと思われる例も多いものです。

　また経済的な困難の中で子育てをしている保護者の多くは、これまでの臨床経験から抑うつ状態に陥っているケースが少なからず見られました。また生活保護や就学援助の方法や子どもが障がいを抱えている場合は各種手帳の取得方法を知らなかったり、または申請方法を付きっきりで説明しなければならなかったケースもたくさんありました。

　支援にあたる関係者の複数の視点で保護者のアセスメントを行い、支援の具体的な手立てを協働して考える必要があります。

4.　アセスメントを共有するために

(1)　大切な校内支援体制

　校内支援体制は、支援にあたる関係者間で子どものニーズを明確化し共有するために欠かせないシステムです。

　担任が「あれ?」と思った気づきをオープンにでき、子どものニーズに到達し支援を的確に届けるためのシステムです。以前、学級王国と揶揄された閉鎖的な学校組織では、問題の解決は望めないばかりか、さらに新たな問題を生み出し泥沼化してしまうものです。

　また、子どもが見せている表面的な問題行動の裏には家庭や地域での困難さが隠れていることが多いものです。

　教員1人ひとりの気づきが、その子のニーズとして校内で共有化されることでチームとしての支援ができるようになります。

　さらに校内支援体制を構築することで関係者の役割も明確になり、外部専門機関と協働した支援が円滑に行われるようになります。

（2）子どもの実態を把握するカンファレンスシート

　校内支援体制を構築できていれば、子どもがなぜこのような行動をするのかをさまざまな角度からの見立てを総合して評価することができ、子どもの行動を強化、維持している学校や家庭の環境要因のも明らかになってきます。

（3）調整会議の実施とアセスメント

　アセスメントを支援にあたる関係者間で共有し、それぞれの領域で支援を開始します。

　その際「支援が確実に実施され、効果が出ているか」「新たなニーズが生じていないか」をめぐって関係者が定期的に集まり調整会議を実施する必要があります。

　それによって、支援方法を修正したり支援の優先順位を見直したり、場合によっては支援目標そのものを変更する必要が出てくる場合もあります。

　また調整会議においては、関係者同士が「こういう方法で、ここまで支援したが今はこういう状態だ」等と自分の支援をオープンにし、「支援とその効果、課題を見える化する力」が支援者には求められるのです。

　自己流の支援を漫然と継続することは許されないのです。

5.　子どもや保護者のニーズレベルに応じた支援

　子どもの問題行動を減少させようとした際、ともすればどの子にも同じように、叱責や訓育的な対応に始終してしまいがちです。

　しかし、深刻な状態にある子どもに指示的な対応をすると事態をこじらせてしまうことが少なくありません。

　図表Ⅱ-1-9は、X市立A小学校の特別支援教育コーディネーターが作成した「児童の状況と保護者の状況、そして支援の関連表」です。A小学校では、いわゆる激しい行動を見せる子が多い小学校です。この表を基に子どものニーズレベルに応じた対応を教員が行うように努めることで、児童理解が促進されSSWと協働した家庭支援も軌道に乗ってきたとのことです。さらにA小学校ではこの他、児童の状況を理解する際に「発達上の課題」がないかどうかも確認する努力をしていました。

　どの子にもこの表のような対応が有効に働くとは言えません。また同じ子ども
でも状況は日々異なるものですが、校内でさまざまな子どもたちへの対応を職員
間で共有するためには、有効な関連表と思われます。

図表Ⅱ-1-9　子どもと保護者のニーズレベルを見立てる

子ども状況	保護者の状況	対応の仕方・留意点
（A　安全が確保されている） ・自力で立ち直る力あり	□学校に協力的である □担任を信頼している □家族関係も円満	主たる相談者・支援 担任 ・指導の最後は「君なら大丈夫」「がんばれるよ」で終了すること
（B　環境変化に戸惑っている） ・学力の低下 ・友人関係の変化が激しい ・学習態度の変化が大きい ・積極性が失われる ・急に無口になる	□長時間勤務・転職・パートの掛け持ちで保護者会に参加できない □新たに就学援助を申請 □最近、離婚や再婚をした □激しい養育を受けていた	主たる相談者・支援 担任や養護教諭 ・「どうしたの？　心配しているよ」と継続的に声をかけること ・指示的にならないこと
（C　安全が脅かされ始めている） ・登校渋りが継続 ・提出物が滞る ・持ち物が不足 ・教師や友人を揶揄する ・暴力的な対応が継続 ・身体を過剰に露出したり隠すことが多くなる	□保護者の勤務状態の変化 □保護者に精神疾患や発達障害の疑いあり □家庭を留守にしがち □複雑な家族状況 　保護者の恋人が在宅など □ネグレクトや暴力による子どもの支配がみられる	主たる相談者・支援 担任・特別支援コーディネーター・SC・SSW ・安心感を失いかけ、本人が深く傷ついていると仮定して対応する。寄り添いながら、話を丁寧に聞く ・話しやすい教員が対応する
（D　安全が確保できない状況） ・被虐待体験によるトラウマがある ・激しい行動化がみられる ・対人交流の偏り ・華美な服装、不釣り合いな持ち物 ・他校や中学生、高校生との交流が増加する ・物品の売買に関わる ・非行がみられる ・ひきこもりが恒常化 ・家庭内暴力の恒常化	□虐待が認められる □保護者に精神疾患や発達障害が原因で家庭生活が営めない □アルコールの過剰摂取 □複雑な対人交流 　保護者の恋人等、家族以外の同居人がいる □金銭管理ができない 　ギャンブル、遊興費 　過剰な飲食や買い物 □特定の宗教や団体への過剰な献身	主たる相談者・支援 特別支援コーディネーター・SC・SSW のチーム対応をすること ・子どもの安全が守られているか、家庭に居場所があるかどうかを確認すること ・緊急対応については校長の指示に従うこと ・面談の経過は即校内で共有すること ・本人や保護者が傷ついている部分を受け入れること

図表Ⅱ-1-10　カンファレンスシート

カンファレンスシート　　記入日　　年　　月　　日　記入者

児　童　氏　名	生年月日
（男・女）	年　　　月　　　日
年　　組	

（主訴）	

月	4	5	6	7	8	9	10	11	12	1	2	3
欠席												
遅刻												
早退												

学力（教科の学習）

発達上の課題（有・無）

学校生活の様子	（対人交流・コミュニケーション） （健康上の課題） （関心・意欲） （生活習慣） （社会適応）
家庭の状況	（ジュノグラム）　　　　　　　　　　　　　（特記事項）

（校外での活動）

（SC の評価）		
（SSW の評価）		
総合的な評価		
活用できる社会資源		
支援の優先順位		
学校での支援目標	主たる支援者	
SC の支援目標	主たる支援者	
SSW の支援目標	主たる支援者	

次回調整会議　　　年　　　月　　　日開催（場所　　　　　　　　）

結果
今後の課題

第5節 スクールソーシャルワーカーによる 包括的な支援とネットワークづくり

馬場幸子

1. スクールソーシャルワーカーによる 多面的・包括的支援

　スクールソーシャルワーカー（SSW）は、児童生徒の置かれている状況を多面的に見て、包括的な支援を行うように努めています。それは、ソーシャルワーカーが基盤とする理論や視点に関連しています。

（1）生態学的視点
　SSW は人々の生活上の問題を、人と環境との交互作用によって生じていると理解します。ここでいう「環境」とは主に社会環境のことで、一番身近な環境は家族です。そして、友だちや教師、学校、病院、地域社会、制度、文化等さまざまなものが、個人と互いに影響し合う「環境」として捉えられます。個人と環境との適合が悪くて問題が生じているのだから、問題の解決には、その関係性の修復が不可欠だと考えます（これを生態学的視点と呼びます）。
　短い例をあげましょう。ある小学校5年生の男児は、些細なことで激しく怒り、他児への暴言や暴力が頻繁にあります。知的な遅れはなさそうですが、授業が理解できず、話がかみ合わないことが度々あります。また、相手と目を合わそうとしません。学校では、発達障害を疑い、特別支援学級への転籍を保護者に勧めたいと考えていました。しかし、保護者とはなかなか連絡が取れず、保護者が学校からの連絡を避けているようにすら思われました。そこで、SSW に支援を依頼しました。
　依頼を受けた SSW は学校へ出向き、担任や特別支援教育コーディネーター等

から話を聞き、本人の様子も観察しました。その後、家庭訪問をして母親と会い、話を聞くこともできました。その結果、男児の置かれている状況を詳しく理解することができました。

　母親は、男児が幼いころより、男児の兄に比べて「育てにくい子だ」と感じていました。イライラして、つい男児にきつく当たってしまうこともありました。父親は 2 年前会社をリストラされ、それ以来再就職ができていません。男児の兄が私立高校に通っており、家のローンもあるため、母親のパート収入だけでは足りません。貯金を切り崩す生活が長引くにつれ、父親の飲酒量が増え、両親の言い争いが絶えなくなりました。また、父親から母親や男児への暴言、暴力が生じるようになりました。男児は母親に反抗的で、母親はどう対応してよいかわかりません。心労からか、母親は体調を崩し、感情も乱れがちで、神経科クリニックで薬をもらっています。

　担任は男児に対して叱責することが多く、一方的な指導になりがちです。

　これらの情報から、男児に発達障害という特性がある可能性は考えられますが、それだけが彼の問題行動の原因ではなさそうだということが分かります。

　母親と父親の関係、父親の失業、飲酒、DV、母親の体調、兄弟関係、男児と担任との関係、教員間のサポート体制、社会保障制度、その他さまざまな事柄が複合的に影響し合った結果として、男児の学校での行動を捉えることができました。

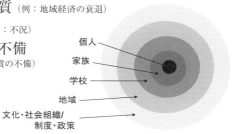

生態学的視点

- 児童生徒個人の問題 (例：発達障害)
- 家庭内で生じている事柄からの影響 (例：児童虐待)
- 親と社会との関係 (例：父親が失業)
- 地域社会の特質 (例：地域経済の衰退)
- 社会の状況 (例：不況)
- 制度・政策の不備 (例：失業者への補償の不備)

個人
家族
学校
地域
文化・社会組織/制度・政策

図表Ⅱ-1-11　学校で起きている問題の捉え方

　このように、SSW は、個人と、個人をとりまく環境との関係性を見ながら、生じている問題状況の全体像を把握することに努めます。

（2）ストレングス視点とエンパワメント

　SSW が支援を行う上で大切になるのが、強みに焦点を当て、強みを生かす「ストレングス視点」です。SSW に支援依頼が入る生徒やその家族は、学校で「困った生徒」「困った親」と捉えられがちです。しかし SSW は、「強み」の確認をします。先生方にも「その子の強みは何ですか？」「どんなことに興味がありますか？」「その子の良いところを教えてください」と言います。強みのない人間などいません。もしその先生が生徒の強みを語れないとすれば、その先生が疲弊して生徒の強みを見ることができない状況に陥っている可能性があります。「毎日登校している」「図鑑が好き」等、些細なことと思われることも、大切にします。そして、それらを支援のとっかかりとします。また、問題をなくすことに躍起になるのではなく、強みを伸ばすことに力点を置きます。そうすることで、本人も関わる人たちも前向き・未来志向で取り組むことができるからです。

　子どもも大人も、潜在的にはいろいろな可能性を秘めていて、「力」を持っています。ただ、それを発揮できない状況にいることも多いです。個人や組織、地域等さまざまなところへの働きかけを通して、その人の力を高め、またその人が持っている力を発揮できるように支援します（エンパワメントと呼びます）。

（3）包括的支援

　SSW の支援の対象は、第一義的には児童生徒です。しかし、児童生徒の最善の利益を追求するには、児童生徒の家族が全体として良い状態になれるように支援する必要があります。それゆえ、家族の抱えている課題によっては、父親や母親、きょうだい、時には祖父母等への支援も行うことになります。ただし、SSW が全てを 1 人で行うわけではなく、地域のさまざまな人たちの力を借りながら支援を行っていきます。たとえば、自治体の子ども家庭福祉部局（家庭児童相談室、子育て支援課等）、障害福祉課、福祉事務所、発達障害児支援センター、保健所、医療機関等と協働します。また、家族内に高齢者がいれば地域包括支援センターのケアマネージャーと連絡を取ることもあります。子どもの環境は多岐にわたるため「乳児から高齢者まで」への支援に関して知識が必要となってきま

す。支援を円滑に行うために、地域のさまざまな組織や人々と普段から連絡を取り、顔の見える関係で信頼関係を構築していきます。

　また、家族のありようが子どもに影響を与えるとは言っても、学校内で問題が生じているのであれば、学校内での問題へ対応するために、学校内の状況へも働きかけを行うことが必要です。SSW が個別の児童生徒や教員に、その都度対応することもあるでしょうが、それよりも、教師を中心とする関係者が「チームとして」支援力を向上できることがより重要です。また、地域の状況も個人や家族に影響を与えますから、地域にも働きかける必要があります。ゆえに、SSW は次にあげるようなネットワークづくりにも力を注ぐのです。

2.　ネットワークづくり

(1)　校内支援体制構築

　SSW は、担任が1人で抱え込むのではなく、学年や学校全体で考えて取り組むことができるように、校内チーム支援体制の構築をサポートします。その際 SSW は、「チーム学校」の一メンバーとして、社会福祉の専門的視点から助言等を行います。SSW と教員が福祉的視点を共有することによって、児童生徒が抱える課題の背景も視野に入れた支援ができるようになるからです。

　また、SSW は、校内で行われている部会・委員会等の機能を高め、個別支援会議（ケース会議）を効果的に活用できるようにサポートします。たとえば、教育相談部会・特別支援教育委員会等の会議が定例化されていない、開催はされても情報共有だけで具体的な指導・支援策が協議されない等の課題がある場合には、SSW はそこにも介入します。協議する内容を明確にし、目標を立て、支援方法を決定、役割分担して支援を行えるようにサポートします。管理職、教員、スクールカウンセラー（SC）等、「チーム学校」の構成員各々が役割を認識し、相互理解し、分担・協働することで、効果的な支援が可能となります。

(2)　地域支援ネットワーク構築

　2008年に発行された国会・参議院の資料（鵜飼、2008）の中で、「関係機関とのネットワークづくり」「関係機関連携ケース会議の実施」「自治体の相談体制作りへの関与」といった、「学校を含めた教育行政システムの構築」はスクールソー

シャルワーク実践の一部であると説明されています。SSW 活用事業が始まった当初から、地域にある組織を動かし、地域における支援体制の改革を行うこともSSW の役割であることが明記されていたのです。

　SSW が地域の関係機関に働きかける手段はさまざまあります。たとえば、要保護児童対策地域協議会の個別支援会議（ケース会議）に出席し、学校での児童の様子を伝え、学校と自治体の各機関との共通理解を促進、連携強化に努めます。また、SSW 連絡協議会を活用するという方法もあります。この次では、SSW 連絡協議会について少し詳しく説明したいと思います。

（3）SSW 連絡協議会

　2017 年に文部科学省の諮問機関（教育相談等に関する調査研究協力者会議）によって示された「SSW ガイドライン（試案)」に、こう書かれています。

> 教育委員会は、SSW の効果的な活用を促進するため、関係者を参集し、策定したビジョンを示し、SSW の活用、SSW の支援方法等について、研究協議や情報交換を行う連絡協議会を開催することが重要である。

　ある自治体では、年に 1 回 SSW 連絡協議会を行っています。初めて開催したときには、市の子ども家庭福祉担当部局の職員、発達支援センターの職員、養護教諭、副校長、SC 等 15 名ほどが集まりました。その中には SSW をほとんど活用したことがない機関・人も含まれていました。そのためスクールソーシャルワークとは何か、どのような事案を扱っているか等の説明が行われました。3 回目の協議会では参加機関も増え、SSW に対してだけでなく、市内の各機関同士も、実は相手がどのようなことをしているのかをよく知らないということが分かり、互いに説明をする場面もありました。また、情報交換をする上での個人情報の扱いについても話題に上がり、次回は弁護士から法律上の扱い等について話をしてもらおう等の提案も出ました。その後、教育委員会主催で情報共有と個人情報の扱いをテーマに弁護士による講演会を開催しました。この講演会には、連絡協議会参加機関のみならず、他自治体からも多数の参加者がありました。

　この自治体のように、SSW 連絡協議会はうまく活用すれば、地域の支援機関・支援者同士が知り合う場となり、共通の問題意識を確認し、それらに対応する方

法を考え、連携を強化するという良い流れができてくるのです。

［引用・参考文献］

・鵜飼孝導（2008）「スクールソーシャルワーカーの導入―教育と福祉の連携の必要性」『立法と調査』279、pp. 59-68
・教育相談等に関する調査研究協力者会議（2017）「児童生徒の教育相談の充実について―学校の教育力を高める組織的な教育相談体制づくり」

第 **2** 章

子どもの放課後を支える
包摂的な教育環境形成

第1節　公園を共育拠点とした学習多様性モデル

鈇矢悦朗

1. はじめに

　学校の中で行われる学習や、家での宿題だけが「学び」ではないことを知っていても、「学び」は意識的にアンテナを立てないと出会うことは難しいものです。そして、「学び」は多様であることは言うまでもありません。本節は、この多様な「学び」を、公園というフィールドで実践を積み重ね、実践の省察をベースとしています。そのベースを学習多様性モデ

東綾瀬公園でのイベント時の様子

ルとし、実際に行うための手がかりを加えたものを提示し、地域における学びの場の創出に寄与することを目的としています。

2. 実践研究の背景と経緯

　「まちあるき」を行って町を知り、歴史をひも解くことは、その町を学ぶ手法として非常に有効なものです。筆者は平成10〜13年の毎夏、奈良県の大宇陀に大学生を連れていく実習において、地元の歴史家・成瀬睦氏の案内によるまちあるきを通じて、事象を目の前にして学ぶことの実感の深さを感得する体験をしま

した[1]。並行して、調布市都市計画マスタープランづくりに市民として関わり、「まちあるき」ワークショップを通して日常空間を意識して歩くだけでも多くの発見につながることも体験しています。さらに、2008年には「〜森づくりからものづくりまで〜木製食器を通じた幼児期からの森林環境教育」事業[2]では、木の器が、実際の立ち木から作られていることを、幼稚園等の園庭の樹木を例にしながら、実際に木工ろくろを子どもたちの目の前で実践するようなプログラムデザインも行ってきました。このような背景から、具体的な事象を前にした学びの実践の機会を探ることとなりました。公園を学びの場にすることはHATO教育環境支援プロジェクト[3]の実践フィールドである中学校が、都立東白鬚公園と接していることをメリットとして捉えたことから始まりました（2013）。さらに、公園が多世代による、多様な体験・学びの場となることを目指して2015年度末より、都立東綾瀬公園に実践の場を移動し、2018年度には、都立府中の森公園で「森とあそぼう」というイベントで学びの場を創出してきた経緯があります。

3.　公園を学びの場とするために

公園は、地域にある学びの素材・場の宝庫です。そして、「教える⇔教わる」の関係ではなく、共に学んで知を育んでいける場所、つまり共育の場所です。以下に、実践に基づき、公園で実際に学びの場とするための7つの手がかりを示します。

（1）公園の指定管理者[4]と共に行う

都立公園のような大きな公園で行う場合は、その公園を管理している指定管理者と共に行うこととなります。公園の管理事務所を訪ねることをお勧めします。

1）中学生がまち案内歴史的町並解読演習レポート　建築ジャーナル　p. 16　1999年11月
2）山田修平・鉄矢悦朗、〜森づくりから ものづくりまで〜木製食器を通じた幼児期からの森林環境教育 研究実践報告書、発行：東京学芸大こども未来研究所 ものづくり部会 2009年8月
3）教育環境支援プロジェクトの一部で、都立東白鬚公園を使った活動を行った。
　 http://www.u-gakugei.ac.jp/~tcenter/project/environment_support.html（参照日2019年2月28日）

ホームページを通じての連絡もできますが、まずは顔合わせに心がけましょう。

(2) 志をシェアする。チームをつくる

　やりたいことを主張するだけでは、本質が理解されるのは難しいこともあります。やりたいことの背景にある思い、つまり志は何なのか、ベクトルはどちらに向いているのかを自覚する必要があります。また、相互理解も重要です。指定管理者側や関係者の公園に対する思いも理解したうえで、自分たちの志をシェアしてください。シェアするツールとなるものが企画書です。1枚のメモでも構いません。背景や目的を明文化することで、同じ志をシェアできるようになります。

(3) 推進力をつける

　やりたいことを共有できるチームができても、そこに推進力がないとなかなか前には進みません。公園にとって良いことであれば、指定管理者が推進役となってくれることもあります。推進力は一過性のものより持続できるところを考えるのがポイントです。たとえば、指定管理者が、いつもやっていることを一工夫して改善すれば、あなたのやりたいこととなるなら、一方的な提案ではなく、共に工夫改善した形をとって実現性を高めれば、持続可能なものとなっていくでしょう。大学や企業によっては地域貢献をミッションの1つに掲げているところもあります。適切な提案であれば、一緒にミッションに取り組む形をとってくれるでしょう。

(4) 与条件を読み取り、洗い出す

　すでにその公園にはさまざまな条件が与えられてます。明文化されたもの、自然環境や音環境も入るかもしれません。潜在化しているものもあります。さまざまなので、読み取る人によって大きく変わります。自分たちの視点で与条件をしっかりと読み取ることが大切です。与条件をメリットと捉えるか、デメリットと捉えるかは、捉え方次第です。たとえば、東白髭公園では大きな団地が隣にあ

---

4) 都立公園等では、施設の管理について創意工夫ある企画や効率的な運営等により、利用者の多様なニーズに応え、質の高いサービスの提供を図り、効果的・効率的な管理運営を目指していくため、指定管理者制度を導入しています。（東京都建設局 HP より）（参照日 2019 年 2 月 28 日）

ります。大きな音を立てることができないというデメリットもありますが、面白そうなことは、すぐに伝わるというメリットもあります。与条件は読み取りと洗い出しによって活かし方が変わります。

（5）「あそびが最高の学び」というアンテナを研ぎ澄ます

　「学び」は多様ですが、「学び」を直接的に作ろうとすると多様性のないものになることが多いです。一方、あそびの中から生まれる「学び」は多様性に富んでいます。あそびの中で、人間関係を学んだり、道具の使い方を学んだり、体の使い方を獲得したり、実体験をもって学ぶので、体験によって無理なく体に浸み込む学びとなります。単に「あそんでいる」と表面的に見るのではなく、アンテナを研ぎ澄まし、学んでいる場面を見つけられるようになると「やったね！」「できた！」という気持ちを共有したりすることができます。

（6）レジリエンス力をつける

　公園でイベント企画をしても、うまく集客できないこともありました。何が問題だったのか等、責任の所在を探求するのではなく、めげずに次回の開催を考えることができる復元する力と言われるレジリエンス力が大切です。落ち込んだり、反省する材料は探せばたくさんあります。しかし、落ち込むことが悪いのではなく、落ち込んでもしっかりと復元できることが大切です。レジリエンス力を身につけましょう。

（7）シンボルとなる拠点をつくる

　公園を学びの場とする際に、シンボルとなる拠点を作りました。ユニークな形のけん引トレーラーを持ち込み、指定管理者や中学生と一緒に洗車、内装工事を行いました。自由に使える拠点を持つことでアイデアと可能性は広がります。

東白髭公園のトレーラー内装の様子

5.　実践事例と省察

（1）　オフスクールパーク＠都立東白髭公園

　2013 年度より教育環境支援プロジェクトに関わる学生、NPO 法人すみだ学習ガーデン、指定管理者のアメニス東部地区グループ、地域で活動している生涯学習サークル等が連携し、「すみだタイムトラベル」「共育ギャラリーであそぼう」「公園は屋外プラネタリウム」「ボウサイ読み聞かせ」「公園の草花を使って音楽を奏でよう」等多彩なイベントをオフスクールパークとして都立東白髭公園で展開しました。関係者の得意とするところを引き出すことを、当時の研究員が担って推進したイベントでした。

（2）　オフスクールパーク＠都立東綾瀬公園

（以下 HATO 通信 14 号加筆引用）

　2017 年 7 月 1 日より 8 月 3 日まで、足立区にある都立東綾瀬公園でオフスクールパークを開催しました。指定管理者のアメニス東部地区グループを中心に東京学芸大学と帝京科学大学と協働でプログラムを 8 日（7/1・2・8・9・15・16・17、8/3）実施しました。その他の日程はプログラムの成果物を展示するオフスクールパークギャラリーをトレーラー内部で展開しました。期間中の参加者は 414 名。7 月 9 日と 16 日は東京学芸大学生 4 人（秋岡吟、香山太輝、宮原光、山岸将大）による企画・運営プログラム「僕らの秘密基地大作戦」を行いました。2 日間の参加総数は 90 人。公園の廃棄物である剪定枝を再利用し秘密基地を製作しました。初日に 3 m 近い高さの秘密基地が立ち上がり、一週間後の 2 日目は、秘密基地の増築、長さ 6 m を超える秘密基地が完成しました。完成後は基地内で宮原による読み聞かせ※を行いました。木陰の基地内で表情豊かに聞き入る子どもたちが印象的でした。

※読んだ本は「わすれられたもり」Laurence Anholt（原著）、さくま ゆみこ（翻訳）
　参考資料：東綾瀬公園オフスクールパーク報告／アメニス東部地区グループ　加藤大輝
　作成　Aug, 2017

(3) 森とあそぼう　森のおもちゃと森のうつわ@府中の森公園

2018 年 10 月 28 日に指定管理者である東京都公園協会の主催で開催しました。社会福祉法人ゆたか会は隣接する「よつば保育園」を運営しています。またその保育園の保育食器は岩手県の大野木工生産グループによるもので、木工ろくろの実演を公園内で実現する運びとなりました。保育園と公園と大学の 3 者の協働の場が今後も続くことを期待しています。

府中の森公園のイベントポスター

(4) 省察

以上のように公園を学びの場とする 3 つの実践を行ってきました。与条件が違えば、その実践は異なった様相を呈したでしょう。前述したように、与条件は、読み取る側のアンテナがとても大切なのです。アンテナは鈍化することがあります。鋭敏さを保ちましょう。与条件となる協力者は、見えにくいこともあります。まわりを良く見渡しましょう。都立東白髭公園では NPO 法人すみだ学習ガーデン、都立東綾瀬公園では帝京科学大学、府中の森公園では社会福祉法人ゆたか会といったように、同じような協力者ではありませんでした。公園によって違った協力者が与条件として関わってくれました。きっとあなたの身近な公園を学びの場にする協力者はもっといます。1 つでも多くの公園が学びの場になることで、1 人でも多くの人が学びと出会えることになります。

[引用・参考文献]

・鉄矢悦朗（2018）教育環境支援プロジェクト．教員養成開発連携機構　大学間連携による教員養成の高度化支援システムの構築―教員養成ルネッサンス・HATO プロジェクト―年次報告書平成 29 年版および平成 28 年版

・鉄矢悦朗（2017）共育ステーションを公園に存在させるデザイン実践から．デザイン学研究　第 64 回研究発表大会概要集、pp. 342-343

第2節 ICTを活用した遠隔地
放課後教育支援モデル

北澤　武

1. はじめに

　これまで、教員養成系大学の学生が子どもの学習支援を対面で行うことは、日常的に行われてきました。しかし、子どもの居住地によっては、学習支援者である学生は長距離の移動が伴うため、時間的な制約で対面の学習支援が行えないという問題がしばしば生じます。しかしながら、技術の進歩により、「ICT：Information and Communication Technology（情報通信技術）」が普及してきました。これにより、インターネットを介したTV会議システムが誕生し、移動による時間的制約の問題を解決することが可能になりました。特に、教育分野では「CSCL：Computer Supported Collaborative Learning（コンピュータに支援された協調学習）」として、ICTを活用した遠隔教育のさまざまな実践事例や学習効果について報告がなされています。

　2018年、文部科学省は「遠隔教育に向けた施策方針」を公表し、ICTによる遠隔教育の在り方についての議論や教育実践が本格的に行われるようになりました。しかし、対面で行う学習支援と、ICTによる遠隔地からの学習支援では、後者の方が教師の適時・適切な声かけの仕方が難しいため、指導しにくいことが予想されます。そこで、東京学芸大学パッケージ型支援プロジェクトでは、2016年度から、東京学芸大学の学生が遠隔地で学習支援を要する中学生を支援するために、TV会議システムの構築とプロジェクトの運用を試みました。本節では、この実践と効果的な指導の在り方について述べたいと思います。

2.　TV 会議システムの概要

　昨今、無料の TV 会議システムは複数存在します。全国的に普及している「LINE（https://line.me/ja/）」は、ビデオ通話が可能になっていますので、一対一での通信であれば、動画でのやり取りが可能です。これに加えて、「Skype（https://www.skype.com/ja/）」、「appear.in（https://appear.in/user）」、「Zoom（https://zoom.us/jp-jp/meetings.html）」は、複数名で TV 会議が可能な、代表的なソフトウェア（アプリケーション）です。

　LINE と Skype は利用者全員がユーザ登録を行った上で、通信を行う必要があります。appear.in は、公開当初はユーザ登録が必要なく、管理者が会議室の開設（URL の発行）を行うだけで、その URL 上で TV 会議が可能でした（2019 年 2 月現在、利用者全員がユーザ登録をする必要があります）。Zoom は管理者のみがユーザ登録を行い、会議室の開設（URL の発行）を行えば、その URL 上で最大 100 名の TV 会議が可能になります。

3.　遠隔地放課後教育支援の概要

　本プロジェクトの参加者について、2016 年度は、大学生 8 名（男性 6 名、女性 2 名）と大学院生 1 名（男性）の計 9 名、2017 年度は、大学生 11 名（男性 6 名、女性 5 名）と大学院生 1 名（男性）の計 12 名でした。一方、中学生（3 年生）は、2016 年度は 16 名、2017 年度は 13 名でした。

　本プロジェクトの ICT 環境について、大学側は、大学生が所有するノート型 PC を活用し、有線 LAN で接続しました。一方、中学校側は、本プロジェクト用にインターネットの専用回線を構築し、無線 LAN 接続（接続が不安定の場合は有線 LAN 接続に切り替え）による 1 人 1 台タブレット端末の環境を整えました。使用したテレビ会議システムは、ユーザ登録が不必要であることと、接続の安定性、長時間の無料利用が可能という点から、appear.in を使用しました（2019 年 2 月現在、ユーザ登録が必要）。万一、音声が途切れた場合等に備えて、相手に物事を伝えるために、小さなホワイトボードとカラーペンを大学側と中学校側の双方に、人数分準備しました。これらの道具は、大学生と中学生のコミュニ

図表Ⅱ-2-1　遠隔地支援の様子（大学側）

ケーションを図るためにとても有効で、必須であることが分かりました。

　学習支援の時間帯は、中学生の都合を鑑み、毎週木曜日の放課後（16時〜17時30分）に実施しました。実施回数について、2016年度は、2016年9月15日〜2017年2月9日の期間で全16回（1回90分）、2017年度は、2017年9月21日〜2018年2月8日の期間で全15回（1回90分）でした。学習支援の内容は、中学校の実態を鑑みて、英語を中心に行いましたが、生徒の要望に合わせて、適宜、教科を変更しました。

　毎回の学習支援の流れは、①接続確認、自己紹介、近況報告、本日の学習内容の確認（5〜10分）、②学習支援（60〜70分）（図表Ⅱ-2-1）、③今後の学習方針の確認、振り返り、課題、宿題の確認（5〜10分）、④振り返り支援記録ノートの記入、学生と大学教員による反省会（15分）でした。この流れにより、学習支援の質が向上していきました。

4．遠隔地放課後教育支援の評価

　遠隔教育の課題として、効果的な学習支援の方法を明らかにすることが挙げられていました。そこで、本プロジェクトでは、まず、大学生に焦点を当てて、評価を試みました。大学生の評価を行うに際し、どの評価尺度を扱うかが重要です。これについて、教員養成系大学の学生に求められている能力の1つに「教職

観」があることに着目し、これを評価項目としました。特に、「1. 使命感や責任感、教育的愛情等に関する事項」、「2. 社会性や対人関係能力に関する事項」は、教職観として重視されています。

　また、昨今の社会的問題として、子どもの貧困問題があります。中室（2015）は、貧困の子どもは、親の学歴や所得が低いことから、十分な教育を受けられないため、学力が低くなるという問題がある一方で、コミュニケーション力や効力感等の非認知能力が低いことを指摘しています。このことから、子どもたちの学力のみならず、非認知能力を高める方法を追究することが我が国の課題となっています。以上より、本プロジェクトの評価では、大学生の教職観と、中学生の非認知能力に着目しました。

5.　分析方法

　大学生を対象とした評価は、本プロジェクトの実施後に、教職観等に関する質問紙調査を実施しました。中学生を対象とした評価は、本プロジェクトの事前と事後に、非認知能力等に関する質問紙調査を実施しました。

6.　分析結果

　大学生を対象としたアンケート調査の結果について、本プロジェクトの大学生の認識を明らかにするために、二項検定で肯定的な回答と否定的な回答の差異を分析しました。その結果、「遠隔支援に参加することで、子どもに対する自己の課題を認識し、その解決に向けて、常に学び続けるようになる（肯定：8名、否定：1名、$p < .01$）」と、「遠隔支援に参加することで、他の参加者の意見やアドバイスに耳を傾けることができるようになる（肯定：9名、否定：0名、$p < .01$）」の教職観に関する2項目で有意差が認められ、肯定的な回答の方が有意に多いことが分かりました。さらに、生徒の非認知能力に関する質問項目のうち、「遠隔支援に参加した子どもは、遠隔支援を通じて、自分の理解度を把握する力が向上した（肯定：8名、否定：1名、$p < .05$）」と、「遠隔支援に参加した子どもは、遠隔支援を通じて、大学生とのコミュニケーション能力が向上した（肯定：8名、否定：1名、$p < .05$）」の2つの項目で、大学生の肯定的な回答が有意に多いこ

とが分かりました。

　次に、中学生を対象としたアンケート調査の結果について、本プロジェクトの事前と事後で中学生の意識がどのように変化したかを明らかにするために、ウィルコクソンの符号順位検定を行いました。その結果、「上手な勉強の仕方が分からない（$p < .05$）」の質問項目のみ、有意差が認められました。この項目の事前の平均値は3.54、事後の平均値は2.85と下がっていましたが、この項目は反転項目であることから、事後のほうが「上手な勉強の仕方が分からない」という認識が下がった（つまり、上手な勉強の仕方が分かるようになった）と解釈できました。中学生の学習に関する悩みとして「上手な勉強の仕方がわからない」と回答する生徒が54.7％存在し、学習上の悩みの項目としては上位にあります。本プロジェクトの効果として、生徒のこの意識を高められたことが挙げられました。

7.　まとめ

　本節では、「ICT を活用した遠隔地放課後教育支援」の事例から、大学生が「遠隔支援に参加することで、子どもに対する自己の課題を認識し、その解決に向けて、常に学び続けるようになる」等の教職観が向上することが明らかになりました。さらに、中学生の「上手な勉強の仕方が分からない」という意識を軽減できる可能性が示唆されました。

　今後、学校現場では1人1台タブレット環境となり、学習環境が変化していきます。子どもたちは ICT を介して他者から学ぶことが日常的になり、教員は子どもたちの意識と能力、学びの変化を見守ることが重要となるでしょう。教員は、ICT で新しい学習をどのように展開できるかを知り、これに適応しながら、子どもたちと一緒に学ぶことが求められます。

［引用・参考文献］

・ベネッセ教育総合研究所（2014）小中学生の学びに関する実態調査　速報版
　［2014］．https://berd.benesse.jp/shotouchutou/research/detail1.php?id=4340
　（参照日 2019 年 3 月 4 日）
・中央教育審議会（2006）今後の教員養成・免許制度のあり方について（答申）．

http://www.mext.go.jp/b_menu/shingi/chukyo/chukyo0/toushin/1212707.htm
（参照日 2019 年 2 月 24 日）
・文部科学省（2018）「遠隔教育の推進に向けた施策方針（平成 30 年 9 月 14 日）」.
http://www.mext.go.jp/a_menu/shotou/zyouhou/detail/__icsFiles/afieldfile/2018/09/14/
1409323_1_1.pdf（参照日 2019 年 2 月 24 日）
・中室牧子（2015）「学力」の経済学. ディスカヴァー・トゥエンティワン
・ T. Koschmann, R. Hall & N. Miyake.（2002）,"*CSCL 2: Carrying forward the conversation*". Routledge
・山﨑浩一朗ほか 6 名（2017）経済的支援を要する中学生に遠隔地から学習支援を行う学生の教職観に関する実践的研究. 日本教育工学会研究報告集、17(1)、pp. 217-224

第3節　全国で広がる子どもの
　　　　居場所づくりと学習支援

中島佳世

1. 生活困窮者自立支援制度における
　　「子どもの貧困対策」

　2013年12月、**生活困窮者自立支援法**が公布され、2015年4月から施行されました。この法が制定された背景の1つに、生活保護受給者の増加が挙げられます。従来、生活保護法は国民のセーフティネットの役割を担ってきました。ところが1995年頃より、非正規雇用の増加やリーマンショック、東日本大震災を契機に生活保護受給者は増加していきました。そこで、2015年、生活保護法の改正に合わせて、未だ生活保護の対象にならない生活困窮者に対し、生活保護に至る前の段階での自立支援策の強化を図ることが求められ、この法が制定されました。

　生活困窮者自立支援法に基づき、**生活困窮者自立支援制度**では「自立相談支援事業」と「住居確保給付金」を必須事業とし、その他任意事業として、就労準備支援事業、一時生活支援事業、家計相談支援事業、生活困窮世帯の子どもの学習支援、就労訓練事業の認定が挙げられます。この中で、子どもへの直接支援に「学習支援事業」があります。

　厚生労働省がまとめた平成29年度（2017年度）生活困窮者自立支援制度の実施状況調査によると、任意事業の実施自治体数は、全事業において前年度比増の傾向にありました。なかでも、子どもの学習支援事業は、モデル事業であった平成26年度に184自治体であったものが、平成29年度には504自治体（56%）と2倍以上に増加しています。（図表Ⅱ-2-2）

　子どもの学習支援事業の運営方法については68.8%の自治体が委託により実

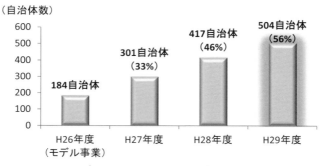

（自治体数）

図表Ⅱ-2-2　子どもの学習支援事業
出典：平成 29 年度生活困窮者自立支援制度の実施状況調査　集計結果
（厚生労働省社会・援護局　地域福祉課生活困窮自立支援室）

施しています。委託先は NPO 法人（41.5%）が最も多く、次いでその他
（19.9%）、前年度 10.2%だった株式会社は 0%へ、その代わり学習塾が 9.8%と、
委託先も多様化してきています。

　また、NPO 法人アスイクが 2014 年に実施した「生活困窮家庭の子どもの居場
所づくり、学習支援に関する実態調査」によると、学習支援活動の内容として「子
どもの居場所づくり」を挙げた団体が 74%と最多、次いで「宿題や自習サポー
ト（56%）」「進路・人生相談（55%）」「受験対策（45.1%）」と、学力や進学率
の向上というよりは、むしろ社会とのつながり等が重視されている様子が分かり
ます。

　そこで、実際に生活困窮者自立支援事業を担う運営団体を訪問し、どのように
「学習支援事業」や「子どもの居場所づくり」が展開されているのか、その中で
学校との連絡・連携や地域連携がどのように図られているのかを伺いました。そ
して、生活困窮者自立支援事業が取り組む「子どもの貧困」に向けた支援は、社
会の包摂性に向けてどのようにアプローチしているのかを紹介します。

2.　実践活動の紹介

（1）日本財団子どもサポートプロジェクト「第 3 の居場所」
　　〜戸田市子どもの家〜

（運営団体：特定非営利活動法人 Learning for All）

①取組までの経緯

　2010 年、認定 NPO 法人 Teach For Japan 内の一事業として学習支援を開始しました。2014 年に日本財団の助成を受けて上記法人より独立、特定非営利活動法人 Learning for All（以下、LFA）を設立しました。葛飾区、墨田区において学校現場での学習支援を、年間 1000 名の子どもに提供していました。その実績から、2016 年に日本財団の「子どもの貧困対策プロジェクト」における「第 3 の居場所」第 1 号拠点を戸田市で開設することとなりました。

②安心できる居場所をつくる「子どもの家事業」

　この事業では、戸田市と事業協定を結び、子どもの自立する力を育むことを目的に「家でも学校でもない第 3 の居場所」（戸田市「子どもの家」）を開設しています。学童保育のような仕組みで、平日の放課後に、学習支援だけではなく、1）安心・安全な居場所、2）読み聞かせ、3）バランスの良い食事、4）生活習慣の改善等、包括的な支援を行っています。

◆「子どもの家」概要

　提供日数：平日週 5 日
　提供時間：14 時〜21 時
　対　　象：小学 1 〜 3 年生
　支援内容：生活指導・食事提供・
　　　　　　遊び支援・学習支援

＜子どもの家での 1 日＞
15：00〜17：30　自由遊び
17：30〜18：30　学習・読書
18：30〜19：30　食事準備・食事・
　　　　　　　　歯磨き
19：30〜21：00　自由遊び・順次帰宅

---

③地域一丸となって子どもを見守るシステムづくり

　実施において、市や学校との連携は不可欠となります。事業協定により、市か

らは支援の必要な家庭の情報を得て、直接訪問するなどアウトリーチを積極的に行っています。また、地域の学校とは2週に1回連絡を取るなど連携を密にして、担任やスクールカウンセラー（SC）と子どもの状態を共有し、より的確な支援を行うことを可能にしています。他にも、子ども家庭支援センターのヒアリングや地域の口コミ、何らかのつながりから支援の必要な家庭へのアウトリーチへつなげています。

　「子どもの家事業」のねらいは、支援の必要な子どもに確実にアクセスし、適切な支援を届けることです。そのために、LFAでは学校や福祉機関・商業施設等さまざまな地域ステークホルダーと情報を共有し、地域一丸となって子どもたちを見守るシステムを構築して取り組んでいます。

④生活困窮者自立支援から見る社会の包摂性とは？

　LFAが取り組む支援は社会の包摂性に向けてどのようなアプローチをしているのでしょうか。「子どもの家」事業部マネージャーは、「私たちはケース会議に子どもの『代弁者』として立たせてもらっている」と話されました。「情緒的に不安定な子ども、暴言・暴力の激しい子、癇癪を起こす子など、さまざまな子どもたちがいます。現場では、子どもを統制することはせず、どの子も1人の人間として認め、ニーズをきちんと聞くことを心がけています」（同マネージャー）。最後に「子どもの貧困対策に『子どもの権利』の言説が欠けていませんか？」と問われ、課題を提示されました。

　地域の子ども支援機関と連携し徹底したアウトリーチや1人ひとりに合わせた質の高い学習・生活支援を行うLFAが目指す社会の包摂性とは、「子どもの声」が社会に届き、「子どもの権利」が生かされることではないかと思われます。

（2）「Space ぷらっと大船」〜勉強したり、まったりしたり、ごはん食べたり〜
　（運営団体：一般社団法人インクルージョンネットかながわ）
①取組までの経緯

　2015年、鎌倉市の生活困窮者自立相談支援事業を受託しました。そのときは大人が中心の相談室でしたが、相談に来る家庭の子どもたちも支援したいという思いから、月1〜2回ほど学習を見たり、ごはんを食べたりという自主事業を始めたのがきっかけです。2016年10月、鎌倉市から正式に生活困窮者自立支援制

度任意事業の「学習支援事業」を受託し、週2回「学習支援事業」とそれまでの自主事業を生かした「居場所」「食育」活動を始めました。

②「Space プラット大船」とはどんな場所？

　「学習支援」「居場所」「保護者相談」の3つを柱に、地域の子どもたちが自由な雰囲気の中で、ボランティアスタッフと一緒に勉強したり、ゲームをしたり、おしゃべりをしたり、みんなでテーブルを囲んでおやつや手づくりのごはんを食べたりすることができる場所です。

　「学習支援」は個別指導で好きなときに、好きな学習をスタッフに見てもらうことができます。「みんなでごはん」（自主事業）は、第2・第4火曜日の終了時に、地域のボランティアスタッフが手づくりした食事をみんなで食べます。「保護者相談」の他、放課後の子どもの居場所と食事を提供することは保護者支援の1つにもなります。大人にとっても心地良い場になるよう心がけて活動しています。

③支援が必要な人へ届けるために「市内全小中学校」へアプローチ

　事業を始めるにあたって、生活福祉課の担当者とともに、市内全小中学校（16小学校、9中学校）を回って周知しました。学習支援事業に対する学校側のアレルギー（「学習は学校が責任をもって行うもの」という考え方）があると感じていたので、「この活動は、教育的支援ではなくて福祉的視点である」という立場を強調して回りました。福祉的視点というのは、「親にも良く、子どもにも良く、1人ひとりが充実して幸せなことを目指す」ということです。校長会にも参加して理解を促しました。また、学校事務職員の研修にも呼ばれて、子どもたちの現在置かれている状況についてお話しする機会も得ました。

◆「Space ぷらっと大船」概要
　提 供 日：火曜日・木曜日
　提供時間：15時～19時半
　対　　象：小学生～高校生位まで
　利 用 料：無料
　支援内容：学習支援・居場所・保護者支援

167

④「学校」との連携から「行政」「地域」へ、つながりが「支援」を届ける

　事業開始から半年過ぎた頃、小学校の方から「やんちゃな子がいる」と紹介がありました。その後、市の生活保護受給担当者から、SCから、子ども相談課からも紹介を受け、支援を届けたい子どもに来てもらえるようになりました。ケースワーカーやSCが現場を見に来るようにもなり、「教室に居られなかった子が、『Spaceぷらっと』へ行くようになってから落ち着いて教室に居られるようになった」等、その実績が噂として広がり、利用者が増えていきました。

　学校に出入りするふれあい相談員や民生・児童委員が当活動のボランティアスタッフとして関わってくれるようになり、ニーズのある子どもを紹介してくれることもあります。町会の役員がボランティアとして手伝いに来て、子どもたちを見守っています。顔のつながりから連なって、いろいろな人が出入りし、状況が共有されることで、必要な子に支援の手が届くようになるのです。今では、要保護児童対策地域協議会のチーム会議やケース会議にも参加し、児童相談所とも信頼関係を築き、支援の幅が広がるようなりました。

⑤生活困窮者自立支援から見る社会の包摂性とは？

　一般社団法人「インクルージョンネットかながわ」代表理事は、「学校には、『子どもを見る眼差し』を変えてもらいたいと願っている。教えたり、指導したりする対象として子どもを見るのではなく、子どもたちを対等に、人としてどう関われるかというところに視点が移っていくと、お互いに学び合える関係になり、地域と学校の敷居も低くなるのではないだろうか？」と問われました。「1人ひとりの人権を大事にする。それは、お母さんも、お父さんも、子どもも同じと理解すること。それが社会の包摂性ではないだろうか」「その事を、本事業を通して学校や地域で子どもと関わる、全ての人へ伝えていくことがインクルージョンな社会へ向かうために自分たちに出来ることではないだろうか？」と結ばれました。

(3) 江戸川区「おうち食堂」「KODOMO ごはん便」
～食をきっかけにした家庭へのアウトリーチ型支援～
（運営団体：NPO 法人バディチーム）

①取組までの経緯

　江戸川区は、子どもが多く年少人口率が高いという状況にあります。一方で、23 区内で最もひとり親家庭の割合が高い（平成 27 年度「国勢調査」）という課題を持っています。そこで、「子どもの貧困」をはじめ、子どもや子育て世帯が抱える課題を抽出するため、平成 27 年、28 年の 2 回、実態把握のための調査を実施しました、その結果、「食」ついての課題が多数浮かび上がりました。たとえば、1) コンビニ弁当やカップ麺ばかり食べている、2) 空腹を満たすため、お菓子ばかり食べている、3) 保護者が食事の準備をしない、など家庭での食習慣の欠如が見られただけではなく、4) 子ども食堂のチラシを渡しても参加に結びつかない、と支援の仕組みがあっても届かない現状が露わになりました。

　そこで、平成 29 年 8 月から、新たな食の支援事業として、「おうち食堂」と「KODOMO ごはん便」を始めることになりました。

②食事支援ボランティア派遣事業「おうち食堂」

　事前研修を受けた有償ボランティアが家庭に行き、買い物、調理、片づけをします。自己負担はなく、1 世帯年間 48 回まで利用できます。

◆「おうち食堂」概要

　対　　　象：区が食の支援が必要と認めた 30 世帯
　派 遣 回 数：1 世帯 48 回　（週 1 回→ 1 年、週 2 回→半年）
　支　援　員：公募の有償ボランティアやシルバー人材センター登録者等
　自己負担額：無料
　食事代支援：子ども 1 人 500 円＋ 1 人増につき＋ 250 円
　　　　　　　（WAON にて支援員に支給）

③子ども配食支援事業「KODOMO ごはん便」

　江戸川仕出し弁当組合に所属するお弁当屋さんが、470 円の手づくり弁当を自

己負担 100 円で届ける事業です。家に入られることに抵抗を感じる家庭の子ども
にも手づくりの食事が届けられるようにと、食支援のスタートラインに位置づけ
られました。

◆「KODOMO ごはん便」概要

　　対　　　象：区が食の支援が必要と認めた家庭児童　100 人

　　配 達 回 数：1 人年度内 48 回　（週 1 回→一年、週 2 回→半年）

　　実 施 方 法：仕出し弁当組合への委託により実施（配達調整、集金、請求）

　　自己負担額：1 食 100 円

　　そ　の　他：区長が必要と認めた場合に限り、自己負担の免除や、実費負
　　　　　　　　　担により保護者分の配達も可能とする

---

④「食」をきっかけにした包括的家庭支援

　両事業は、保護者の長時間労働による子どもの孤食や偏食、保護者の疾患や養
育力の低下などから、子どもに十分な食事を与えられないなど、食の問題を抱え
た家庭への支援として行われていますが、それは「きっかけ」であり、家庭の中
へ支援員が入ることで家庭の中の問題が表面化し、必要な資源や支援へつなげる
ことが本来の目的であります。支援の必要な家庭が埋もれてしまわないように、
事業の周知と地域の気づきを醸成すると同時に、支援にあたるボランティアや委
託業者のさらなるスキルアップと、家庭をつなぐ支援先のスキームづくりが今後
の課題になります。

3.　おわりに

　本節で紹介した実践に共通していることは、自治体が「生活困窮者自立支援制
度」の枠組みの中で事業化したものを、委託された民間法人が情報を精査し、学
校や地域の助けを借りながらアウトリーチを行い、届けたい家庭へ支援の手を伸
ばしていることです。そこには、自治体－運営団体－学校－地域が、困難を抱え
る子どもと家庭を中心に据え、互いの立場や役割を超えて関わり合う中で、実現
されてきたように思います。日々子どもの支援にあたる実践者が話された「社会

の包摂性」は、大人も子どもも、学校も地域も、行政も民間も関係なく、それぞれの「枠」を取り外して 1 人の人間としての権利を尊重することから始まる、とのことでした。「学校」がその「枠」を外して大きく一歩を踏み出すことを、運営団体は待ち望んでいるのではないでしょうか。

※事業の概要は平成 30 年度現在のものです。

[引用・参考文献]

・江戸川区子ども家庭支援部児童女性課（2018）「江戸川区『おうち食堂』『KODOMO ごはん便』事業紹介資料』江戸川区子ども家庭支援部児童女性課
・江戸川区子ども家庭支援部児童女性課（2018）「子どもの成長支援」江戸川区子ども家庭支援部児童女性課
・NPO 法人アスイク（2014）「生活困窮家庭の子どもへの居場所づくり、学習支援に関する実態調査」
https://asuiku.org/wp-content/uploads/2017/12/f726004a4d52c225096568aa437a1c17.pdf（参照日 2019 年 3 月 4 日）
・厚生労働省社会・援護局　地域福祉課生活困窮自立支援室（2018）「平成 29 年度生活困窮者自立支援制度の実施状況調査集計結果」厚生労働省社会・援護局
・志賀文哉（2015）「生活困窮者支援の現状と課題」富山大学人間発達科学部紀要第 9 巻第 2 号、pp. 137-140
・特定非営利活動法人 Learning for All（2018）「Learning for All 団体概要資料」特定非営利活動法人 Learning for All

第 3 章

主体的な進路選択を支える
附属学校教育

第1節　附属学校の校内支援体制
　　　　モデルと多様性の教育

小岩　大

1.　はじめに

　東京学芸大学附属竹早中学校では、平成30年度より、連携自治体から通常とは異なる枠で児童を受け入れる特別連絡進学制度を実施しています。この目的は、経済的に困難な家庭の児童の主体的な進路選択を支援することです。本節では、この制度を利用して入学した生徒の校内支援と、それを支える多様性の教育について紹介します。

2.　校内支援体制の開発

（1）開発の視点
　校内支援体制の開発では、何を考える必要があるのでしょうか。

　本取組でまず考えたことは、支援の「対象」です。本支援では、生徒はもちろん、家庭の経済状況が背景にあることから、保護者にも眼を向ける必要があると考えました。いうまでもなく、保護者は生徒への影響が大きい存在です。必要に応じて保護者を支援することが、結果的に生徒本人の支援にもつながると考えたのです。

　次に、支援の「内容」、すなわち「学校生活において何が問題になるか」を考えました。生徒入学前の検討では、周囲の生徒との関わり等、いくつかの問題が想定できたのですが、こうした問題が具体的にどのような文脈で、どのような出方をするかという点までは、想定が困難でした。学校生活で起こる問題は、実に多様で、さまざまな要因が複雑に絡んでいることが多いからです。

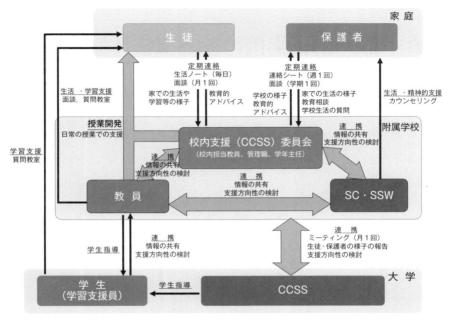

図表Ⅱ-3-1　校内支援体制図

　そこで、本支援では、まず生徒や保護者と密に連絡を取り、データを集めることから始めました。生活面と学習面の観点から生徒の様子を把握し、その中で問題となりうる点を探り、支援を行っていこうと考えたのです。この考えに基づいて開発された校内支援体制が図表Ⅱ-3-1です。生徒、保護者との「定期連絡」を中心とした支援体制です。

　以下では、図の「生徒」「保護者」と「校内支援（CCSS）委員会」を結ぶ「定期連絡」と「学習支援」「授業開発」に焦点を当てて実践を紹介していきます。

（2）校内支援の実際
①教育相談による生活面の支援
実践1　生活ノートによる生徒の把握

　生徒の日々の生活状況を把握することを目的とした実践が「生活ノート」です。毎日の様子を記録させ、週2回月曜日と木曜日に提出させています。ノートは、

A5 版を半分に切った小さいもので、「なるべく毎日書く」「1 日一行、一言でも
いい」という約束で始めました。これは、生徒の生活面、心の状態を把握すると
いう目的から、彼らの率直な気持ちや本音が出せるように、また継続的に取り組
めるように、なるべく負担感がなく、気軽に書けるようにするためです。特に書
くことがなければ「何もなし」と書けばよいことにしています。「何もなし」と
いう記述は、問題なく落ち着いて生活できていることを示していると捉えられる
からです。また、担当教員は、ノートの記述に対して朱書きをしますが、生活
ノートの目的から受容的なコメントに徹しています。

実践 2　定期面談による生徒の把握

　こうした「生活ノート」を生徒理解の基本としながらも、より詳しく生徒の様
子を把握するために、月に 1 回、面談を行っています。ここでは、ノートの記述
や最近の様子について詳しく聞くのですが、その中で毎月必ず行う質問がありま
す。それは、「学校生活について、100％を『楽しみ』と『心配』に分けると何％
と何％？」という質問です。これは、生徒が感じている学校生活の充実度を調べ
るとともに、生徒の自己評価の理由を聞くことで、より自然な形で生徒の生活状
況や心の状態を引き出すことを意図しています。たとえば楽しみ 60％、心配
40％と自己評価した生徒に対し、「心配 40％の理由は？」と聞き、「テストが近
いから」と答えれば、それをきっかけとして自然に生徒の学習状況を話題にする
ことができます。このように、なるべく自然な形で会話ができるように工夫し、
生徒の率直な気持ちを引き出すようにしています。

実践 3　連絡シートによる保護者との定期連絡

　こうした生徒理解の一方で、保護者との定期連絡も行っています。この目的
は、保護者がどのように生徒の様子を捉え、生徒の学校生活に対してどのように
感じているかを把握し、生徒の支援に生かすとともに、保護者を支えることです。
　保護者には、家での生徒の様子を連絡シートに記入し、毎週月曜日に提出して
もらっています（図表Ⅱ-3-2）。記入項目は、1）家での生活面の様子、2）家で
の学習面の様子、3）学校への要望、4）自由記述です。これも、保護者の負担感
を考え、生活ノートと同様、無理のない範囲で記入していただき、月曜日を基本
にしながらも保護者の都合のよいときに提出してもらっています。

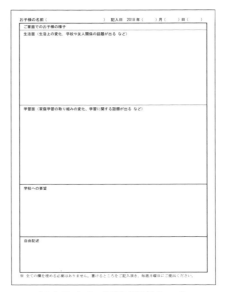

図表Ⅱ-3-2　保護者連絡シート

　シートのやり取りはメールにファイルを添付して行っていますが、担当教員は、メールの中で学校での生徒の様子を伝えたり、保護者からの相談に答えたりしています。

　また、保護者とは、この定期連絡に加え、入学前や各学期末に生徒を含めた三者面談も行っています。家での生徒の様子を詳しく聞いたり、指導の方向性を共有したりする場となっています。

　こうした保護者との密な情報交換が、生徒支援の基盤である保護者との信頼関係づくりにつながっていると考えています。

②学習面の支援

　学習支援は、週1回2時間程度、放課後に行っています。対象は、本制度で入学した生徒に限らず、学習に課題がある生徒も含めて、希望した生徒10人程です。各生徒が学校や塾の宿題等、自分で課題を持ち寄り、それに取り組みながら学習の内容や仕方について教えていくという形で進めています。指導者は、専任教員が委員会指導や部活指導、会議等があり十分に対応できないため、東京学芸

大学の学生や卒業生に力を借りています。従って、この学習支援は、生徒にとっては補習が目的ですが、指導に携わる学生にとっては支援の仕方や教育について考えを深める場という目的も併せ持ちます。

　しかし一方で、指導にあたる学生の確保や、生徒 1 人ひとりのニーズにあった教材の準備や指導の工夫等、課題も山積みです。今後、学習支援の目的をさらに明確にし、その目的に応じて、どのような学習に取り組ませ、どのような支援を重ねていくかを検討することで、必要な学生の数や教材がみえてくると考えています。単なる補習ではなく、支援をきっかけに、彼らが自律して学習に取り組めるようになるためには、どのような支援が必要かを考えたいところです。

3.　多様性の教育の実践

　これまで紹介してきた支援は、生徒と保護者に対する直接的な支援であるのに対し、ここで紹介する「多様性の教育」は、多様性を受容する学校づくりを通して間接的に生徒を支援しようという取組です。とはいえ、「多様性の教育」の目標は、単に経済的多様性の理解を深めるというだけではなく、広く多様性を理解し、今後ますます多様化、国際化が進む社会の中で、よりよい共生のあり方を主体的に追究できる生徒を育てることにあります。

　開発された実践には、たとえば経済的多様性を扱った家庭科と社会科の教科横断的実践「100 円朝食をつくろう」があります。社会科において日本の貧困の現状を相対的貧困の観点から学習した後、家庭科において 100 円で朝食をつくる意義を考え、実際に献立をつくるという実践です。また、社会科では「外国人労働者の受け入れ」の問題を取り上げた実践があります。労働者の多様性について考えるとともに、労働者やその家族、企業、地域住民、政府等さまざまな立場に立って議論することにより、異なる考えを受容しながらよりよい考えを再構築する力を育むことを意図した実践です。

　表面的に「多様性」ではなく、多様化する未来を担っていく生徒たちに必要な力とは何かを追究し、その育成をめざした実践を開発していくことに取り組んでいます。

4. おわりに

　これまでの支援体制の開発を通して、改めて重要と思うことは、誰に、どのような目的で、どういう支援をするかを明確にすることです。特に、支援の目標を具体的な生徒像で記述することが重要です。中学校を無事に卒業し、高校進学をつかんだ姿はもちろんですが、どのような人に育てていくかという生徒像を大切にしたいです。将来を見据え、社会で活躍できる人を育てる校内支援のあり方をこれからも考えていきます。

第2節　学校・地域・家庭と連携した放課後実践モデルの開発

田嶌大樹・森山進一郎

1. はじめに

　本書の第Ⅰ部第4章第3節「子どもの『放課後』という時間」では、子どもにとっての放課後の時間の重要性についてお伝えしました。それを受けて本節では、子どもたちのより良い育ちを支えるために学校・地域・家庭ができる連携・協働・役割分担について、放課後の実践事例の紹介を交えながら考えてみたいと思います。

　子どもの放課後を考える上で近年見逃せない場所となっているものの1つが、放課後児童クラブです。近年、共働き世帯やひとり親世帯の増加に伴い、放課後の時間を放課後児童クラブ（通称学童保育）で過ごす子どもが多くなってきています。日本における放課後児童クラブ登録児童数は、平成28年時点で1,093,085人で、小学校1年生で全体の32.6％、2年生で全体の28.9％、小学校3年生で全体の22.1％が登録しており、現代の子ども、とりわけ小学校低学年の児童が放課後を過ごす場所としては、大きな位置を占めています。設置箇所数で見ても、放課後児童クラブは全国2万5328カ所（厚生労働省、2018）で、小学校数の1万9892校（文部科学省、2018）より多いのです。子どもの立場になってみれば、放課後児童クラブは、それだけ生活の比重が大きくなる可能性を秘めた場所であるといえます。

　東京学芸大学では、東京学芸大学附属小金井小学校と連携しながら、放課後フィールド「東京学芸大学放課後児童クラブ」の研究開発を2015年度から始めています。以下、「東京学芸大学放課後児童クラブ」（以下、放課後児童クラブとする）の取組を例にしながら、学校・地域・家庭ができる連携・協働・役割分担

について考えてみたいと思います。

2.　体験とケア　～子どもの成長の土壌を作る～

　さて、学校・地域・家庭ができる連携・協働・役割分担を考えていくためには、放課後の場がどのような場であるのかについて、理解を深めておく必要があります。そこで、ここではまず、放課後児童クラブの生活内容について紹介します。

　図表Ⅱ-3-3 は、放課後児童クラブの生活の 1 日の流れです。放課後児童クラブでは、基本的に子どもたちが自由に使える時間がその大部分を占めています。ただし、集団で過ごしていく上では、子どもたち 1 人ひとりが好き勝手にやりたいようにやっているだけではいけません。放課後児童クラブでは、生活の中に集団での協働活動が必要となる場面が多く含まれています。子どもたち自身が他者と関わり合いながら、共に同じ場所で過ごすことを通じて、社会的自立を促しています。

　放課後児童クラブの生活の中で、子どもたちが最も好きな時間が遊びの時間です。放課後児童クラブには、学校教育のような明確なカリキュラムはありません。だからこそ、遊びを中心とした子どもたちの自発的な活動が、より多く生まれる場となっています。

　放課後児童クラブの中で、子どもたちはさまざまな遊びを行います。そしてそ

図表Ⅱ-3-3　放課後児童クラブでの一日の流れ

下校時	登所
	はじめの会
14：00	集中タイム
	（宿題等に各自で取り組む）
15：00	おやつ
16：00	あそび
	おわりの会
17：00	降所（迎え）
18：00	降所（迎え）
	保育終了

こに、支援者として関わる大学生や大人が子どもと一緒になって遊び、活動しながら、子どもの遊びや活動を広げたり、深めたりするような働きかけを行います。

　子どもたちは遊びを通じてさまざまな体験をし、成長していきます。他者と関わったり、ルールを考えたり、思い切り感情を表出したり、目的を定めて何かに取り組んだり、こういったことを通じて育まれていく「非認知的スキル」は、学校での学習の土壌ともなるものです。

　また、子どもについて、学校とは違った見方ができるのも放課後児童クラブの強みです。放課後児童クラブは子どもの活動の自由度が高いため、子どもの「素の姿」が見えやすいときがあります。たとえば、「いつもは外で元気に遊んでいるのにある日は屋内のソファで寝転がっている」「急に友だち関係のことについて相談してきた」「家の様子をふっと話し始めた」等、体調の変化や悩み事等について、支援員が状況をキャッチしやすい環境にあるといえます。人間関係面では、学校とは違った仲間関係が生まれ、学校生活も円滑に進むようになった事例もあります。また、発達の遅れや心理的ケアが必要な子どもたちについては、無理をさせず、本人にとって居心地の良い空間づくりを心がけることで、学校や家庭での様子にも改善が見られることもあります。支援員は、こうした子ども 1 人ひとりの様子をキャッチできるよう丁寧に子どもの様子を観察しています。

　図表Ⅱ-3-4 は、放課後児童クラブにおける支援員と子どもの関わりの様子について表したものです。放課後児童クラブの生活の中で支援員は、図の横軸のように、子どもに寄り添い、子どものありのままを受容してあげるような関わり方

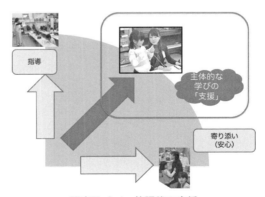

図表Ⅱ-3-4　放課後の支援

もあれば、図の縦軸のように全体への指示を出して子どもを指導し、統率を図るときもあります。また、それらの中間的な関わり方として、子どものいうことを全て受け入れてあげるのではなく、かといって大人の側から指示を出すのでもなく、子どもがやろうとしていることに寄り添いながら、一緒の目線になって、子どもの活動をサポートするような関わり方もあります。図ではななめの軸で示されているこのような中間的な関わり方は、子どもの主体的な学びを支えていくような関わり方です。

　放課後児童クラブにおいて役割を発揮しやすいような関わり方は、どちらかというと横軸の寄り添いからななめの軸の「主体的な学びの支援」のような関わり方であるといえます。

3.　学校・家庭との連携

　放課後児童クラブでは、学校や家庭とも連携をしています。小学校の先生方とは、不定期ではありますが、子どもの学校での様子、放課後児童クラブでの様子を情報共有しています。そのやりとりの中では、子どもたちが学校で見せる姿と、放課後に見せる姿が大きく違うことを度々多々実感させられます。学校では見えにくかった強みが放課後に発揮されていたり、学校では顕在化していなかった課題が放課後で顕在化したり、もちろん、その逆もあります。放課後児童クラブではそのように、子どもが違った姿を見せる、ということがまずは大切だと考えています。学校は学校、放課後は放課後、家庭は家庭といったように、むしろそれぞれの生活の場が異なる意味空間であるからこそ、1つの場では担いきれない子どものケア・教育が可能になるからです。

　家庭とは、月1回、親子会を開き、交流を深めています。親子会は親子プログラムと保護者懇談会の二部構成になっています。親子プログラムでは、親と子が一緒になって遊んで学べるプログラムを企画し、実施しています。遊ぶときは、大人も子どもも関係ありません。同じ活動に夢中になることを通じて、親子同士の交流を深めてもらうことをねらいとしています。また、他の親子同士が関わり合い、「自分の家庭だけでなく、みんなで一緒に育っていこう」という感覚も持ってもらえるように願いを込めてプログラムを実施しています。

　後半の保護者懇談会では、連絡事項をお伝えした後、日頃の子どもたちの生活

の様子をたっぷりお伝えするようにしています。保護者の方々からは、より良い放課後児童クラブにしていくためにさまざまな意見を言っていただいています。その他、保護者の方とは放課後児童クラブからの降所時のお迎えの際に日常的にスタッフが話をしながら協力関係を築いています。

4.　共に育つ場所へ

　この放課後児童クラブには、常勤職員の他に大学生、地域の大人たちも支援員として関わっています。そして、これらのメンバーが日々の実践を振り返り、その質を高めていくための仕組みとして、毎日、子どもが帰った後に振り返りのミーティングを行っています。振り返りのミーティングでは、その日の子ども1人ひとりの様子を付箋に記し情報を共有したのち、より良い子どもたちへの関わり、環境設定について、ポジティブに意見を出し合い、次の日の実践に生かしていくというサイクルを回しています。ここでのポイントは、肯定的な探究を心がけるということです。より良い放課後児童クラブづくりに向けて、それぞれの強みを相互理解しながら、1人ひとりができること、お互いに協力できることを考え、日々の実践を進めていきます。

　こうした振り返りを通じて、支援員たち自身も多くのことを学びます。たとえば、子どもたちのために、「待つ」、「問いかける」ことを覚えるということです。私たちは、「子どもたちのために」何かといろいろなことを与えてしまいがちです。そうしていると、自分たちが役に立っている感もあるからです。しかし、放課後児童クラブでは、子どもたちはただ守られ、教えられるだけの存在ではありません。1人ひとりが自立した主体者であり、共にクラブの生活をつくりあげる仲間です。そのような児童理解が進むと、むしろ色々なことを大人の側がし過ぎてしまっていることに気づくようになり、子どもたちが自分たちの力で乗り越えようとしている瞬間を見守ったり、課題に行き詰まった時にはヒントを与えたり、というように、子どもたちの主体的な学びを引き出すことを意識するようになっていきます。

　また、こうした日々の実践を通じて、「子どもたちのために」と思ってやっていたことが、いつの間にか「自分たちのためにも」なっていきます。その日の子どもの様子を思い出して、微笑ましいエピソードにみんなで爆笑したり、子ども

の思いがけない成長の様子にみんな
で感動したり、そうしているうち
に、だんだんと支援員同士の絆も深
まっていきます。だんだんと、子ど
もとは関係ない話もするようになり
ます。そこには、大学生や、地域の
大人や、学校の先生、大学の教員、

多様な立場の人々がいます。このようなプロセスを経て、放課後児童クラブの場
は、子どもを「教え、育てる」場から、子どもと「共に、育つ」場へといつの間
にか変わっていくのです。「共に育つ」文化は、放課後児童クラブが大切にして
いるところです。

5.　おわりに

　放課後は子どもの学習という観点で見れば、ケア関係を保障しながら自由な体
験的活動をより豊富に生み出すことができ、学習の土壌をつくりやすいというこ
とがあります。また、子どもの生活という観点で見れば、家庭への働きかけが行
いやすいこと、子どもたちの個別の福祉的ニーズへ気づきやすいということがあ
ります。そうしたことを「顔のみえる関係」の中でゆるやかに情報共有すること
で、子どもたちの全人的な育ちを支えられる可能性が見えてきたところです。
　また、放課後児童クラブが、子どもたちだけでなく支援者も含めたみんなが互
いに尊重し合い、成長していこうとする場となることで、「共育」コミュニティ
が育っていきます。伝統的な地域コミュニティや家族の紐帯が崩壊したといわれ
ているいま、これまでとは異なる新しい地域の姿の可能性が、そこにはあります。
　「東京学芸大学放課後児童クラブ」には、いろいろな人が関わりうるある種の
「ゆるさ」があります。それは決してネガティブなことではなく、むしろ1つの
価値観やルールに統一させることのない「ゆるさ」こそ、価値観やルールの違う
さまざまな立場の人々の連携を可能にする「のりしろ」なのかもしれません。子
どもたちの成長を支えていくためには、学校・家庭・地域がある種「ゆるさ」を
許容しながら相互理解し、できることから連携を進めていくことが重要ではない
でしょうか。

[引用・参考文献]

・厚生労働省（2018）「Press Release 平成 30 年（2018 年）放課後児童健全育成事業（放課後児童クラブ）の実施状況（平成 30 年（2018 年 5 月 1 日現在))」
https://www8.cao.go.jp/shoushi/shinseido/meeting/kodomo_kosodate/k_41/pdf/ref4.pdf
（参照日 2019 年 12 月 27 日）
・文部科学省（2019）「文部科学省統計要覧（平成 31 年度版)」
https://www.mext.go.jp/b_menu/toukei/002/002b/1417059.htm（参照日 2019 年 12 月 27 日）

第 4 章

子どもの貧困への理解を深める
大学カリキュラム

第1節 「子どもの貧困とチームアプローチ」に迫る教員・教育支援者養成

加瀬 進

1. はじめに

　平成27年12月21日付の中央教育審議会「チームとしての学校の在り方と今後の改善方策について（答申）」において指摘されているように、「チームとしての学校」が求められる背景の1つとして、「社会や経済の変化に伴い、子供や家庭、地域社会も変容し、生徒指導や特別支援教育等に関わる課題が複雑化・多様化しており、学校や教員だけでは十分に解決することができない課題も増えている」という状況があります。ここでいう「課題」とはまさに子どもの「困りごと」であり、本書基礎編で見てきたように、その背景に経済的困難が潜んでいる場合が決して少なくありません。従ってこれからの教員及び教育支援者[1]はよって立つ専門領域の如何にかかわらず、まずもって子どもの貧困を総合的に理解する必要があります。また、「チームとしての学校」の範囲は「校長の指揮監督の下、責任をもって教育活動に関わる者」に限定した上で、「コミュニティ・スクールや地域学校協働本部等の仕組みによって、地域コーディネーター、地域住民等の参画により、学校支援活動、放課後の教育活動、安全・安心な居場所づくり等を通じて、社会総がかりでの教育を実現していくことが必要」とも指摘されています。

---

[1] ここでは当面、松田（2016）による次の「教育支援」の定義に従って、その担い手を「教育支援者」と呼ぶこととする。
　「教育支援とは、子どもを支援する場合と教育者を支援する場合の2つを含む、学びに関わる他者の行為への働きかけであり、その意図を理解しつつ、補助したり、連携したり、協働したりして、そこでの行為の質を維持・改善する一連の活動を指し、最終的には、学びということがらをなす、子どもの力をつけることである。」

つまり誰がチームのプレーヤーなのか、その特長は何か、どのようにすれば子ども
もにとって最善の利益をもたらすチームになれるのか等を理解する必要にも迫ら
れているのです。

　この点に関わって、大澤は「学力から見た子どもの多様性に配慮した教育活動
を充実・発展させることに重点をおいた教員養成と教員研修」の課題を次のよう
に整理しています（Ⅰ基礎編第2章第2節）。

①学ぶ力の未熟な子への配慮の必要性を実感できる多様な機会の設定
②特別支援教育や日本語教育、社会福祉を学ぶ学生との大学の授業における
　交流
③②に関わって多分野協働を実践している関係者に学ぶ機会の設定
④「多職種との協働・支えあいができて1人前」という意識の醸成
⑤子どもの多様性に応じた学習指導案づくり、指導技術の向上を導く授業保
　障
⑥子どもの多様性に対する多角的評価の意義・方法・利活用を学べる教職実
　践演習の展開

　このうち、①〜④は教員養成・教員研修のみならず、教育支援者の養成・研修
においても欠かせない課題といえましょう。そこで本節では、東京学芸大学にお
ける学部改組を踏まえながら、子どもの貧困とチームアプローチ理解をどのよう
に教員・教育支援者養成に組み込めばよいか、あるいは組み込めるかを考えてみ
たいと思います。

2.「子どもの貧困」とチームアプローチ理解に迫る カリキュラムの工夫

　図表Ⅱ-4-1は東京学芸大学2019年度におけるカリキュラムの中から、「子ど
もの貧困」とチームアプローチ理解を意図的に組み込んだ（組み込もうとしてい
る）授業を整理したものです。
　東京学芸大学は2015年度より学部を「学校教育系」と「教育支援系」という
2つの組織に改組しました。学校教育系は従来の教員養成課程ですが、「教育支

図表Ⅱ-4-1　「子どもの貧困」とチームアプローチ関連中心科目

	学校教育系	教育支援系
1年春期		教育支援概論 A（必修）
1年秋期	教職入門（必修）	教育支援概論 B（必修）
2年春期	教育ネットワーク演習（選択）	
		教育支援演習 A（必修）
2年秋期	教育マネジメント演習（選択）	
		教育支援演習 B（必修）
3年春期	教育コラボレーション演習（選択）	
	教育相談の理論と方法（必修） 生徒指導・進路指導の理論と方法（必修）	
3年秋期	教育相談の理論と方法（必修） 生徒指導・進路指導の理論と方法（必修）	
4年春期		教育支援コラボレーション演習 （選択必修）
4年秋期	教職実践演習（必修）	

援系」は「教育の基礎知識と教育支援の専門知識、さらに協働する力やネットワークを形成する力を習得する」ことをめざす課程です。この教育支援系は7つのコース（4つのサブコース含む）〜生涯学習コース（生涯学習サブコース、文化遺産教育サブコース）、カウンセリングコース、ソーシャルワークコース、多文化共生教育コース（多言語多文化サブコース、地域研究サブコース）、情報教育コース、表現教育コース、生涯スポーツコース〜から構成されています。本節のテーマとの関連で言えば、この改編自体が①2つの系各々のカリキュラムや授業に子どもの貧困とチームアプローチ理解をどう組み込むか、②将来の「チームとしての学校」構成メンバーとなりうる教育支援系の学生と学校教育系の学生が在学中から共に学び合う機会をどう組み込むか、という課題へのチャレンジであった、ともいえるものでした。まず2019年度における状況を見てみましょう。

（1）2つの学系をつなぐブリッジ科目

　表中の教育ネットワーク演習、教育マネジメント演習、教育コラボレーション演習は学校教育系・教育支援系対象の共通科目群（選択）に新設した授業です。その意図は教員を目指す学生と教育支援者を目指す学生が学系を越えて履修でき

る科目の中で、ただ同じ科目を履修しているのではなく、授業における協働的学びを通してチームアプローチの意義や楽しさ、そして課題を深く体感することをねらいにした科目です。前二者については次節で詳しく取り上げますが、遠隔授業の方法を取り入れた、経済的に厳しいご家庭のお子さんの学習支援を主たる内容としています。また、教育コラボレーション演習は海外在住の日本人の子どもたちの学校における学び・学校外における学びについて、タイ王国バンコクにおけるフィールドワーク（日本人学校、現地校、日系企業等）を行い、それに基づくグループワークを通じて実践的に学ぶ、というものです（集中授業）。また、このグループワークには、日本人学生の他タイの教育系大学生（チュラロンコン大学教育学部）の参加も得て協働的な学習を行うというダイナミックな取組です。

(2) 教育支援系におけるチームアプローチの学び

　教育支援概論は教育支援系の学生が各コースの内側に閉じこもらず、他のコースについても学ぶことで視野・知見を広げ、併せて自分の領域がもつ可能性をさらに考究できるようにしたい、というねらいをもった科目です。具体的には教育支援系の学生（定員 185 名）を 2 クラスに分け、各クラスで 7 つのコースが 3 回ずつオムニバス形式で講義をする形式をとり（A、B 両方を履修することで 7 コース/4 サブコースを一通り学ぶことになります）、3 回のうち 1 回はかならずその領域で実践に取り組んでいる外部講師を招くことになっています。たとえば筆者が担当するソーシャルワークのオムニバス講義では、貧困家庭の学習支援に取り組む NPO 法人 Learning for All のスタッフにお願いしました。

　同様に教育支援演習は 7 コースの学生をシャッフルして 8 クラスに分け、さらに各クラスの中でも多分野協働になるようにワーキンググループを作って、担当する各コースの教員が設定するテーマについて調査・検討・まとめ・発表を行うという演習です（1 つのコースの内容につき 3 回で 1 セット）。

(3) 教育支援コラボレーション演習

　教育支援系の各コースには資格取得にも関わって卒業要件／選択必修となっている演習・実習科目があります。この科目と横並びになる形で 7 つのコース全てに配置した科目が教育支援コラボレーション演習です。選択必修ですからプラス

アルファで履修する学生もいれば、主たる科目として履修する学生もいます。具体的には 2 年次に開設している 2 つのブリッジ科目の内容とリンクさせ、学習支援の「夏休み特別プログラム」を実施するというものです。

（4）学校教育系

　新しく改編した教育支援系には新しい科目を入れることが比較的容易ですが、長い歴史をもつ教員養成課程の場合、教員免許取得に必要な科目の中で取り上げられている内容を改めて位置づけなおす、あるいは 1 回だけでも子どもの貧困とチームアプローチ理解の講義を入れ込むという方法が主になっています。

　たとえば入り口となる「教職入門」の中で貧困事例をベースにスクールソーシャルワーカーと教員の協働について講義する（1 回）、「教職実践演習」の中で本プロジェクトが作成した映像教材を用いて子どもの SOS サインの見立て、多職種協働による支援プランの作成を行う（1 回）、といったようにです。

　また「カウンセリングマインド・不登校・いじめ・保護者支援・チーム学校」をキーワードとする「教育相談の理論と方法」や「他の教職員や関係機関と連携しながら組織的に生徒指導を進めていくために必要な知識・技能や素養を身に付ける」ことをねらいに位置づけている「生徒指導・進路指導の理論と方法」等も、「子どもの貧困」とチームアプローチ関連中心科目に位置づけることができます。

3.　今後の課題

　学校教育系における教育実習・養護実習の基本構成は「教職入門／必修→（授業観察演習／選択）→事前指導→教育実地研究Ⅰ→事後指導→（教育実地研究Ⅱ／選択）→教育実践演習」となっています（特別支援教育専攻の学生は教育実地研究Ⅰの後に特別支援学校実習が必修で置かれています）。初めての教育実習（教育実地研究Ⅰ）では授業観察や授業づくり・研究授業で手一杯でしょうし、附属学校園での実習ですから貧困地区の困難校のような事例を目の当たりにする機会もほとんどない、と思われます。従って、教員養成カリキュラムの主軸といえる教育実習・養護実習の中に（事前事後学習等含む）、子どもの貧困理解、チーアプローチの意義理解をさらに、どのように埋め込んでいくか、が大きな課題となります。

　一方、教育支援系では、まずその独自科目（教育支援概論・教育支援演習）において、学生1人ひとりが所属コースに関する興味関心と同程度の眼差しを他の領域に向けることができるか、という課題に直面しています。1コース3回のオムニバス形式という慌ただしさも指摘されているところです。

　また、3つのブリッジ科目は正規の授業時間を超えるという負担感や費用の問題から履修する学生が限定されているのも事実です。

　古くて新しい子どもの貧困問題を教員・教育支援者養成の基礎基本に組み込む難しさ、従来の教養系コースの内容を教育支援（者）という新しい概念で捉えなおす難しさ、等、課題は山積しています。しかしながら、我々大学教員も学生に学び、学生と共に新しいカリキュラムを創りあげていく道筋に、いっそう積極的に立ちたい、という思いを強めています。

[引用・参考文献]

・松田恵示（2016）「教育支援とは何か―教育支援の概念」松田恵示・大澤克美・加瀬　進編『教育支援とチームアプローチ―社会と協働する学校と子ども支援』書肆クラルテ

図表Ⅱ-4-4　支援演習の流れ

時間	内容
15：50	本日の学習内容の確認、児童の接続順番と担当学生の確認
16：00 〜 17：20	タブレットを使用した個別の学習支援 ＋ 現地スタッフによる現地での学習支援
17：20 〜 17：30	子どもとの振り返りと次回までの学習計画の相談
17：30 〜 18：20	「省察・記録ノート」記入 チームでの振り返り

図表Ⅱ-4-5　学習支援の様子

力を獲得していくことを支援することを目指しました。

　学習支援の際に使用する教材については、基礎教材として国語、算数、理科、社会の4教科の問題集を用意しました。学生の関わりは、教科の学習指導が入り口となりますが、参加している子どもたちの学習意欲や学習への動機付け、身についている学習習慣・方略は千差万別です。また、発達や著しい学習の遅れを抱えていたり、学校や家庭での生活に困難さを抱えている子どもたちもいます。支援開始初期においては、ケア関係の中で子どもたちが安心して学習に向かうこと

ができるように、信頼関係の構築を第一の目標としながら、丁寧なコミュニケーションを図るようにし、徐々に個別の学習ニーズを明らかにしていきました。

　個別の学習支援では、児童と対話する中で希望を引き出し、児童自身の自己決定を支援すること、その際、生活や進路に関する相談も適宜行い、児童との関係形成を深めながら、児童の主体的な進路選択を支援すること等も学生に教示しました。

　毎回、個別の学習支援が終わり、児童が帰宅した後には、その日の支援の振り返りを行います。振り返りの際には支援を行った大学生1人ひとりがその日の支援の様子や自身の支援を振り返り評価する「省察・記録ノート」を記入し、書き終えたところで対話による振り返りを開始します。対話による振り返りには、授業を履修している大学生、授業を担当する教員とともに、現地のサポートスタッフもビデオ中継で参加します。

　メンバーは、記録と対話による振り返りを通じて自身の支援実践を評価し、次の実践に生かします。また、記入された「省察・記録ノート」は、学習支援の様子を大学－教育委員会間で共有するための資料としても用いています。この「省察・記録ノート」には、「できごと（どのようなことが起こったか）や子どもの様子（学習面・心理面）」、「自分が感じたこと」、「今後どのように活動していきたいか」等を記入する欄が設けられていて、支援者となる大学生が行った支援内容を記述することで、自身の実践を整理して深く振り返ることができるようにしています。

（3）まとめの講義

　学習支援の場には、相対的に放課後の学習・体験の機会や、人とのつながりが少ない子どもたちが参加していました。そのような子どもたちにとって、今回の学習支援が、人とつながることのできる居場所となっていたこと、また、子どもたちの学習の機会を広げる場所になっていたことは、非常に大きな意味があることです。また、この学習支援では、現地の運営スタッフや学生同士で毎回振り返りや準備ミーティングを行い、チームで子どもを支えていくことを基本として活動してきました。それらのことを改めて確認したのち、それぞれの学生に実践を振り返ってもらうようにしました。

4.　取組の評価

　サービスラーニングは、コミュニティへのサービスと学問的な学習の双方に均等な比重が置かれるとともに、サービスの提供者と受け手の双方に資するものです。今回の事例では、授業に参加した学生への効果や学習支援に参加した子どもたちへの効果はもちろん、サービスラーニングを取り入れた授業を実施する大学教員への効果、Y自治体への効果、大学機関への効果等、さまざまな観点から包括的に評価を実施することが重要です。ここでは、紙幅の都合上その全てを記載することはできないため、授業に参加した学生に対する教育効果に絞って、今回の授業の成果を検討します。

・私は貧困家庭について、今まで浅はかな知識しかなかったということを知りました。学びに対する思いや、友達に対する接し方に貧困かどうかは関係ないと思います。ただ、それを知る機会が少ないだけなのだと実感しました。また、「貧困家庭は学力が低い」という調査結果に衝撃を受けています。誰もが等しく学ぶ機会があれば良いのに、と強く思いました。

・この授業は小学生を相手に実践的な指導をできるという面でとても貴重な経験になっている。とくに自分の担当している○○くんは面白い子でいろいろと自分も試行錯誤して勉強していくことができている。まだ2年生なので勉強を教えるということしかできなかったのだが、子供たちの家庭状況や心理にも沿って考えなければならないと知り、他の授業ではできない経験であった。

・私は、はじめ、「子どもたちの学習を支援する授業」というものにただ興味があったということと、子どもに関わる場を増やしたいという思いから、この授業を受けることにしました。そのため、最初のガイダンスの時に、貧困に関する話や自立した学習方法を身につけることをサポートするための話を聞いた時は自分にできるか不安でした。しかし、活動を通して「学習」というものや振り返りの重要性をより深く、広く考えることができ、また子どもたちの生き生きとした表情や前向きな言葉から、子どもと向き合うことへの自信もつきました。

　上記は、本授業に参加した学生が、授業の終了時に記述した振り返りの記録（抜粋）です。これらを見ると、「貧困に関する知識の増加・意識の醸成」、「多様な子どもと関わる経験」、「さまざまな背景を抱える子どもに対する理解の深まり」、「学習支援の技法の習得・言語化」、「自分自身の喜びの場」等が効果として学生には感じられていたようです。一方で、本授業の主な目標の1つである、他専攻の学生や現地スタッフとの協働を通じた学びについては、教育効果の実感を学生の記述からはあまり読み取れませんでした。実際の授業では、グループで自分たちの支援を振り返り、次の支援に向けた方策をアドバイスし合ったり、現地のスタッフとの情報共有を行い多面的な子ども理解に努めたりと、協働の場面は豊富に含まれていたのですが、メインとなる活動がビデオ通話を使った子どもとの1対1のやりとりであったため、学生にとってはそちらの方が印象深かったのかもしれません。

5．おわりに（課題と展望）

　サービスラーニングには、さまざまな立場の人間が関与します。そのため、多様な関係者との間でその質を担保しながら、それを互恵性のある取組として継続させていくためには、フィールドの要望と大学生の参加が両立する時期・時間帯を合わせたり、日頃の実践に関わる連絡調整を行ったりと、通常の講義と比べれば、多くのマンパワーを要するものです。こうした取組を継続性のあるものにしていくためには、授業担当者1人では限界があります。大学が組織的に推進できるような体制構築が課題となるといえるでしょう。

　質の高いサービスラーニングが実現したときの教育効果は、そうした推進にかかるマンパワーに見合う高いものです。サービスラーニングは、実社会のリアルな課題解決に結びつきます。今回の授業で言えば、実際に子どもたちと接するというリアルな体験は、学生の授業への主体的な参画を促します。また、そうした実践を通じて、「子どもの貧困」を概念としてのみ理解するのではなく、実際の社会的課題として、リアリティを持って理解できるようになります。

　近年、学校現場は、さまざまな社会課題・教育課題にこたえていくために、「チーム学校」「地域学校協働」「貧困対策のプラットフォーム」といったワードに代表されるように、ネットワークを前提とした教育活動を展開し、コミュニ

ティの中心として機能する新しいあり方を求められるようになってきています。養成段階の学生が学校現場以外のフィールドで、多様な立場の人間と協働しながら教育実践に参加する。このような取組は、既存のシステムや価値観を相対化し、外部との連携・協働を推進していきながらさまざまな社会課題・教育課題に立ち向かい、多様な教育活動を展開することのできる学校教員や教育支援人材を育てる上で重要なものだと考えています。

※本節は、「東京学芸大学パッケージ型支援プロジェクト」平成 27、28、29 年度　報告書の内容をもとに、加筆・修正を行ったものである。

おわりに

　さて、読者諸氏の皆様、いかがでしたでしょうか。本書の幕を閉じるにあたり、簡単にこれまでの経緯を振り返っておきたいと思います。

　私事ながら筆者の生年は 1960 年の子年。本書が刊行される 2020 年も子年。そして一回り前の子年が 2008 年。それは我が国の「貧困問題」に改めてスポットが当たり、「子どもの貧困」という言葉が人口に膾炙する契機となったエポックメイキングな年でした。

　2008 年 4 月には湯浅誠氏の『反貧困―「すべり台社会」からの脱出』（岩波新書）が、同年 11 月には阿部彩氏の『子どもの貧困―日本の不公平を考える』（岩波新書）が刊行されます。そして越年に困難を抱える人々を対象に、大晦日から翌 2009 年 1 月 5 日まで東京都千代田区の日比谷公園に「年越し派遣村」が開設され、日本国民に大きなインパクトを与えることになります。

　東京学芸大学ではこうした動きに着目しつつ、2010 年に「東京学芸大学〈子どもの問題〉支援システムプロジェクト」を開始します。これはスクールソーシャルワークのフィールド研究、並びにスクールカウンリング・発達障害相談と協働した〈子どもの問題〉総合相談窓口を開設するというものでした（2012 年度までの 3 年間）。さらに本学は数年間にわたって学部教育組織改革に取り組み、教員養成を行う〈学校教育系〉と多様な教育支援人材を養成する〈教育支援系〉に再編し、2015 年 4 月から「チームとしての学校」に資する人材養成に改めて取り組み始めました。ちなみに同年末には中央教育審議会が「チームとしての学校の在り方と今後の改善方策について（答申）」を取りまとめるに至ります。そしてこの年に本書に至る取組が産声をあげます。文部科学省特別経費「大学の特性を生かした多様な学術機能の充実」事業として、「附属学校と協働した教員養成系大学による『経済的に困難な家庭状況にある児童・生徒へのパッケージ型支援に関する調査研究プロジェクト』」―通称：東京学芸大学パッケージ型支援プロジェクト―がスタートしたのです。

　正直に申し上げると、ここに至る道のりは決して平坦ではありませんでした。
　このプロジェクトの推進母体として「東京学芸大学児童・生徒支援連携セン

ター」が5年間の期限付きで設置されてきましたが、当然すぐにスタートダッシュすることはできず、専任スタッフがまさに「ワン・チーム」としてプレイできるようになるまでに時間がかかりました。また、個々のテーマ別取組においては協力してくださった自治体の学校現場等と協働した「児童・生徒へのパッケージ型支援」が追求されたものの、総体としての「パッケージ型支援」とは何かという問いには、苦吟する日々が続きました。

しかし、そうした中で手ごたえを得た取組も少なくありません。そのエッセンスは本書の基礎編、応用編の各節に盛り込まれています。いわば本書は、別冊と併せ、各執筆者がプロジェクトチームの一員として「パッケージ型支援」を描こうとしたプラットフォームということができます。本書を契機として各地に本プロジェクトの成果が届き、多様なプラットフォームが全国に広がることを願ってやみません。

ところで、本書と並行して「子どもの貧困とチームアプローチ」にかかる研修用の映像教材を作成しましたが、そのプロトタイプを用いて学校教育系の学生を対象に「子どもの貧困とチームアプローチ」問題を伝える取組をすることができました。それは教員免許取得にあたって必修科目となっている「教職実践演習」における1コマです。およそ800人に及ぶ学生を7クラスに分けた大人数クラスの講義ですが、数か月後には教師になる学生たちが新鮮なまなざしと真摯な姿勢で受講してくれた情景が忘れられません。換言すれば、それほど「子どもの貧困」問題はまだまだ「自分事」になっていないとも言えるわけです。

今、この瞬間にも、経済的に困難な家庭状況を背景とする、さまざまな支援を必要とする子どもたちが、少なからず学校で、地域で、家庭で、ともすると「声なき声」が届かないまま社会的排除に晒されていることでしょう。子どもを護る責務は大人が負わなくてはなりません。皆で力をあわせ、山を越えていこうではありませんか。

2020年3月吉日

東京学芸大学児童・生徒支援連携センター長

教授　加瀬　進

執筆者紹介 （五十音順）

朝倉隆司（あさくら・たかし）

東京学芸大学教授（健康社会学、学校保健）

朝倉隆司：監修、竹鼻ゆかり・馬場幸子：編著『教師のためのスクールソーシャルワーカー入門—連携・協働のために』大修館書店、2019 年

朝倉隆司編著『新・生き方としての健康科学』有信堂、2017 年

伊藤秀樹（いとう・ひでき）

東京学芸大学講師（教育社会学、生徒指導論）

伊藤秀樹『高等専修学校における適応と進路—後期中等教育のセーフティネット—』東信堂、2017 年

伊藤秀樹「学校の外で学ぶ子どもたち」片山悠樹・内田 良・古田和久・牧野智和：編『半径 5 メートルからの教育社会学』大月書店、pp. 101-115、2017 年

入江優子（いりえ・ゆうこ）

東京学芸大学児童・生徒支援連携センター准教授（社会教育学、地域学校協働）

入江優子「コミュニティ・スクール／地域学校協働と "インクルージョン"」日本特別ニーズ教育学会編『現代の特別ニーズ教育』文理閣、2020 年（印刷中）

入江優子「学校教育、家庭教育、社会教育の関係構造に関する今日的状況—困難な家庭状況にある子供たちを取り巻く教育環境に着目して—」教育支援協働学研究 Vol. 1、pp. 4-17、2019 年

大澤克美（おおさわ・かつみ）

東京学芸大学教授（教職大学院、社会科教育）

大澤克美：編著『小学校社会科教師の専門性育成　第三版』教育出版、2019 年

大澤克美「次世代の学校教育に求められる『社会科学習指導の専門性』の育成に関する一考察—教職大学院に期待される学びの高度化と多様化に着目して—」社会科授業研究『別冊』韓国社会科授業学会、pp. 139-157、2018 年

小野 學（おの・さとる）

東京学芸大学児童生徒支援連携センター特命准教授（特別支援教育学校心理）

小野 學「現実的脱感作法を活用した不登校改善の試み」須田 治：編著『生態としての情動調整〈心身理論と発達支援〉』pp. 58-69、2019 年

小野 學「経済的に困難な状況下で不登校に陥った小学生への支援と課題」『SNEジャーナル』23 号、pp. 23-39、2017 年

加瀬 進（かせ・すすむ）

東京学芸大学教授（特別支援教育、ソーシャルワーク）

加瀬 進「『（仮称）教育支援人材論』プロトタイプの開発―〈多職種連携教育〉ワークショップの試みから―」松田恵示・大澤克美・加瀬 進編『教育支援とチームアプローチ―社会と協働する学校と子ども支援』書肆クラルテ、pp. 259-266、2016 年

加瀬 進編『福祉と教育の WE コラボ―障害児の〈育ち〉を支える』エンパワメント研究所、2009 年

風岡 治（かぜおか・おさむ）

愛知教育大学准教授（教育経営学、学校事務）

風岡 治「主体的な学びの場としての研究会」『学校事務』70(2)、pp. 6-9、学事出版、2019 年

風岡 治「教員と事務職員の協働による学校マネジメントの改善」『日本教育』478　pp. 12-15、日本教育会、2018 年

北澤 武（きたざわ・たけし）

東京学芸大学准教授（教育工学、情報教育、科学教育、学習科学）

北澤 武「第 6 章　プログラミング教育の実践」東京学芸大学プログラミング教育研究会：編、加藤直樹・北澤 武・南葉宗弘・櫨山淳雄・宮寺庸造：著「小学校におけるプログラミング教育の理論と実践」学文社、pp. 82-134、2019 年

北澤 武・白水 始「CBT による多肢選択式問題の解決プロセスの解明―大学入試センター試験問題の国語既出問題を活用して―」大学入試研究ジャーナル、No. 30（印刷中）、2020 年

小池敏英（こいけ・としひで）

尚絅学院大学教授（特別支援教育、発達心理学）

大山帆子・増田純子・中知華穂・銘苅実土・小池敏英「視覚性語彙の形成促進による LD 児の音読困難の改善に関する研究」『LD 研究』28 巻 3 号、pp. 336-348、2019 年

小池敏英『LD の子の読み書き支援がわかる本』講談社、2016 年

小岩 大（こいわ・だい）

東京学芸大学附属竹早中学校教諭（数学教育）

小岩 大「問題解決を通して作図方法を創造する基本作図の学習指導」日本数学教育学会誌、第 100 巻、第 9 号、pp. 2-9、2018 年

小岩 大「変数の理解水準に関する一考察―「凝縮化された可変性」における生徒の理解の実態に焦点を当てて―」日本数学教育学会誌数学教育学論究臨時増刊、第 99 巻、pp. 1-8、2017 年

竹鼻ゆかり（たけはな・ゆかり）

東京学芸大学教授（健康教育学、学校保健、養護教育）

竹鼻ゆかり「第 5 章学校保健活動　7 健康（心身）・発達・行動上の課題を有する子どもへの支援」徳山美智子・竹鼻ゆかり・三村由香里・上村弘子：編著『新版学校保健―チームとしての学校で取り組むヘルスプロモーション』東山書房、pp. 224-237、2019 年

竹鼻ゆかり「第 4 章ケースメソッドで考えてみよう（ケースメソッド教育とは何か／貧困―小学 5 年生　水森真奈美の生活ほか）」朝倉隆司：監修、竹鼻ゆかり・馬場幸子：編著『教師のためのスクールソーシャルワーカー入門―連携・協働のために―』大修館書店、pp. 110-131、2019 年

田嶌大樹（たじま・ひろき）

東京学芸大学児童・生徒支援連携センター特命助教（体育科教育、スポーツ社会学）

田嶌大樹「イギリスにおける「拡大学校」の事例」松田恵示・大澤克美・加瀬 進編『教育支援とチームアプローチ―社会と協働する学校と子ども支援』書肆クラルテ、pp. 160-169、2016 年

田嶌大樹「子どもを包摂する場としての放課後学習支援―大学・附属・公立学校連携による貧困研究 PJ から―」SNE ジャーナル vol. 23、pp. 7-22、2017 年

舘山典子（たてやま・のりこ）

東京学芸大学児童・生徒支援連携センター専門研究員

鉄矢悦朗（てつや・えつろう）

東京学芸大学教授（デザイン教育、建築）

東京学芸大こども未来研究所：著「あそびのたねずかん」東京書籍、2016 年

鉄矢悦朗：デザイン・監修「Yu-Mo」フレーベル館、2013 年

中 知華穂（なか・ちかほ）

NPO 法人ぴゅあ・さぽーと SLOPE 学習支援室 研究員（特別支援教育、発達心理）

Chikako Naka, Mito Mekaru, Satomi Iyoaga, Harumitsu Murohashi, Toshihide Koike（2019），
　　*"Causal factors for Kanji word-reading difficulty in second to sixth-graders of a
　　Japanese elementally school"*. Journal of Special Education Research, 7, 2, pp. 101-113,
　　2019.

中 知華穂・吉田有里・雲井未歓・大関浩仁・五十嵐靖男・小池敏英「小学 2 年にお
　　ける漢字読字・書字困難のリスク要因に関する研究」特殊教育学研究 52 巻 1 号、
　　pp. 1-12、2014 年

中島佳世（なかじま・かよ）

東京学芸大学児童・生徒支援連携センター専門研究員（子ども学・家庭教育支援）

中島佳世「『港区地域こぞって子育て懇談会』―子育て当事者の課題から生まれた行
　　政・学校・地域、こぞって子育ての取り組み―」『教育支援協働学研究』Vol. 2、pp.
　　68-69、2020 年

中島佳世（代表）『「港区地域こぞって子育て懇談会」2019 年度報告書』港区立子ど
　　も家庭支援センター、2020 年

河 美善（は・みそん）

東京学芸大学児童・生徒連携センター専門研究員（教育人間学、臨床教育学）

河 美善・大瀧辰也・西川大輔「高等教育におけるピア・サポート活動の意義の一考
　　察―主体性に着目して―」『ピア・サポート研究』Vol. 16、pp. 39-49、2019 年

加瀬 進『フリースクール等の支援の在り方に関する調査研究―自己評価と相互評価
　　／第三者評価―研究報告書（2019 年度文部科学省いじめ対策・不登校支援等推
　　進事業「学校以外の場における教育機会の確保等に関する調査研究」「民間団体
　　の自主的な取組の促進に関する調査研究」）』、2020 年（研究代表者と共著）

馬場幸子（ばんば・さちこ）

関西学院大学人間福祉学部准教授（児童福祉・スクールソーシャルワーク）

朝倉隆司：監修、竹鼻ゆかり・馬場幸子：編著『教師のためのスクールソーシャルワー
　　カー入門―連携・協働のために―』大修館書店、2019 年

馬場幸子・望月 彰・高石啓人・鈴木庸裕「スクールソーシャルワーク実践スタンダー
　　ドを用いた学習会とスクールソーシャルワーカーの課題意識」学校ソーシャル
　　ワーク研究 14 号、pp. 2-14、2019 年

古家 眞（ふるや・まこと）

東京学芸大学附属学校運営参事・教授（学校経営、体育科教育）

古家 眞「［提言］ボール運動の学習を通して身に付く力」楽しい体育の授業 2018 年 11 月号、明治図書、2018 年

藤﨑 敬・古家 眞編著『イラストで見る小学校体育　全単元・全時間のすべて　6 年生』東洋館出版社、 2020 年

松川誠一（まつかわ・せいいち）

東京学芸大学教授（ジェンダー研究、経済社会学）

松川誠一・関口陽介・秋山和子「小学 6 年生の金融自己効力感とそれを規定する諸要因」『経済社会学会年報』40、pp. 141-155、2018 年

松川誠一・秋山和子・関口陽介「経済用語に関する小学 6 年生の主観的理解度を規定する諸要因について」東京学芸大学紀要　人文社会科学系Ⅱ 69、pp. 165-172、2018 年

松田恵示（まつだ・けいじ）

東京学芸大学副学長・教授（社会学〈スポーツ・教育・文化〉、体育科教育学）

松田恵示・大澤克美・加瀬 進編『教育支援とチームアプローチ―社会と協働する学校と子ども支援』書肆クラルテ、2016 年

松田恵示・鈴木 聡・眞砂野 裕編『子どもが喜ぶ！体育授業レシピ―運動の面白さにドキドキ・ワクワクする授業づくり』教育出版社、2019 年

森山進一郎（もりやま・しんいちろう）

東京学芸大学准教授（スポーツ科学、運動方法学）

森山進一郎・豊田郁豪・速水 舞・田嶌大樹「公益財団法人ブルーシー・アンド・グリーンランド財団と国立大学法人東京学芸大学による共催事業「学習＆マリンスポーツ体験教室」の実践報告―教育・体験格差の是正を目指して―」教育支援協働学研究　Vol. 2、pp. 58-67、2020 年

森山進一郎・荻田 太・萬久博敏「形状及び素材の異なる水着が水泳時の推進パワーおよび腹腔内圧に及ぼす影響」デサントスポーツ科学 39 巻、pp. 3-11、2018 年

子どもの貧困とチームアプローチ
—— "見えない" "見えにくい" を乗り越えるために ——

2020 年 4 月 20 日　第 1 版 1 刷

監　　　修　松田恵示

編　　　著　入江優子・加瀬　進

発　行　者　秋山洋一

発　行　所　株式会社書肆クラルテ

　　　　　　〒603-8237 京都市北区紫野上若草町 31-1
　　　　　　電話・FAX 075-495-4839
　　　　　　ホームページ　http://www.clartepub.co.jp

発　売　元　株式会社朱鷺書房

　　　　　　〒635-0085 奈良県大和高田市片塩町 8-10
　　　　　　電話 0745-49-0510／FAX 0745-49-0511
　　　　　　振替 00980-1-3699
　　　　　　ホームページ　http://www.tokishobo.co.jp

印刷・製本　尼崎印刷株式会社